Collana

Demos

Pëtr Alekseevič Kropotkin

LA MORALE ANARCHICA

Collana Demos
La morale anarchica
di Pëtr Alekseevič Kropotkin
Prima edizione: giugno 2023
© 2023, Santelli Editore

Gruppo Editoriale Santelli

Santelli editore *dal 1987*
Via P. Calamandrei, 1
Cinisello B. - Milano - 20092
340.9481047
www.santellieditore.it
www.grupposantelli.it

Titolo originale: *Anarchistische Moral*
Editore tedesco: Freie Jugend, 1922
Traduzione: Barbara Gambaccini

Capitolo I

La storia del pensiero umano rammenta il lento e secolare oscillare del pendolo. Dopo un lungo periodo di assopimento giunge l'attimo del risveglio e, con esso, l'affrancarsi del pensiero dalle catene impostegli da tutti coloro interessati a vincolarlo – capi di governo, avvocati, esponenti della chiesa. Spezzati questi legami, il pensiero critica con severità quanto insegnatogli, svelando il nulla celato dietro ai preconcetti diffusi dalla religione, dalla politica, dalla magistratura e dalla stessa società, in cui troppo a lungo era stato immerso.

Comincia così a perlustrare inusitati sentieri, arricchendo la nostra conoscenza con inaspettate scoperte, dando origine a nuove scienze. E, tuttavia, gli inveterati nemici del pensiero – governanti, giureconsulti, prelati – non indugiano nella sconfitta, bensì, raccolte poco a poco le loro forze disseminate, rimodellano fede e normativa, adattandola a nuove esigenze. Poi, traendo vantaggio dal servilismo di pensiero e carattere da loro stessi incentivato, nonché dalla temporanea disorganizzazione della società, dall'indolenza di alcuni, dall'avidità di altri e dalle speranze dei più, si rimettono pacatamente al lavoro, impadronendosi, come prima cosa, dell'infanzia, attraverso l'educazione.

Lo spirito del fanciullo è fragile, facile da influenzare con la paura, cosa che essi non esitano a fare. Rammentandogli i tormenti infernali, accrescono i suoi timori e pongono innanzi ai suoi occhi le sofferenze dei dannati, la vendetta di un Dio implacabile.

In seguito, lo istruiscono sugli orrori della Rivoluzione, descrivendogliene gli eccessi per indurlo a divenire un 'amante dell'ordine'. E, se l'uomo di Chiesa lo avvicinerà all'idea di legge affinché egli obbedisca a quella che gli presenterà come 'legge divina', avvocati e magistrati invocheranno quest'ultima per sottometterlo alla normativa civile. Così, attraverso l'abitudine alla subordinazione, a tutti noi fin troppo familiare, il pensiero della futura generazione prenderà questa piega religiosa, servile e, nel contempo, autoritaria, giacché autorità e servilismo sempre procedono di pari passo.

Durante questi interludi di assopimento, è raro che si discutano questioni morali, sostituite ovunque da pratiche religiose e ipocrisia giuridica. Basta lasciarsi guidare dall'indifferenza, dall'abitudine, evitando qualsiasi critica, senza prendere posizione in favore o sfavore di una morale prestabilita. L'importante è fare del proprio meglio per adattare le proprie azioni, per lo meno all'apparenza, a quanto si professa. Così, il livello morale della società precipita sempre più, arrivando a quello in uso tra i Romani della decadenza, de *l'ancien régime*, della fine del regime borghese.

Quanto vi era di buono, di grande, di generoso e indipendente nell'uomo comincia poco a poco a smussarsi, ad arrugginire come una lama caduta in disuso. La menzogna muta in virtù, lo stereotipo in dovere.

Arricchirsi, cogliere una qualche opportunità, spossare la propria intelligenza ed energia, in un modo o nell'altro, ecco gli imperativi non solo delle classi agiate, ma altresì della massa degli indigenti, il cui obiettivo è quello di apparire borghesi. Ed ecco che la degradazione dei governanti, dei giudici, del clero e dei ceti privilegiati diviene talmente rivoltante che il pendolo comincia a oscillare in un altro modo.

È allora che i giovani si affrancano e, abbandonati i preconcetti, si riavvicinano alla critica. Il pensiero si riscuote dal torpore dapprima in pochi, poi nella moltitudine, dando origine all'impulso da cui scaturisce la rivoluzione.

Sempre, in questi casi, riemerge la questione della moralità. "Perché seguire i principi di questa morale ipocrita?", domanda il cervello, liberatosi dalle paure impostegli dalla religione, "perché dovrebbe essere obbligatoria una qualsiasi morale?".

Ed ecco che si tenta di trovare spiegazione a quel sentimento morale disseminato ovunque, per il quale mai è stata fornita delucidazione alcuna.

E tuttavia mai riusciranno a rinvenirne finché seguiteranno a considerarlo prerogativa umana, finché non si prenderanno in considerazione gli animali, le piante, gli oggetti inanimati.

E finché si tenta di farlo basandosi sulla scienza del periodo.

Inutile dire che più si scava alla base della morale prestabilita – o meglio dell'ipocrisia che ne ha preso il posto – più il livello morale della società si innalza.

Infatti è proprio nelle epoche in cui la morale viene criticata e negata che il sentimento morale progredisce maggiormente, elevandosi, raffinandosi sempre più.

Prendiamo a esempio il diciottesimo secolo.

Già nel 1723 un autore anonimo, che poi emerse essere tale Mandeville[1], suscitò scalpore in Inghilterra con la *Favola delle api* e i relativi commentari, con cui attaccò senza pudore l'ipocrisia della società, nota per l'appunto con il nome di 'morale'.

Egli mostrò come i cosiddetti costumi morali altro non

---

1 Ndt. Bernard Mandeville (1670-1733) fu un medico di origine olandese trasferitosi in Inghilterra. Il testo sopra citato, pubblicato per la prima volta anonimo nel 1705 con il titolo *L'alveare scontento, ovvero i furfanti divenuti onesti*, fu successivamente ampliata e ripubblicata nel 1723 con il titolo *La favola delle api: ovvero vizi privati, pubbliche virtù*. In essa l'autore, con sarcasmo e ironia, sottolinea l'ipocrisia della società inglese dell'epoca.

fossero che una maschera di pura ipocrisia e come le passioni, che si tende a regolamentare attraverso le norme della morale, imboccano sentieri maggiormente pericolosi proprio per via delle restrizioni imposte da quei codici.

Al pari di quanto successivamente dichiarò Fourier[2], egli sosteneva che si dovesse concedere libero sfogo alle passioni, affinché esse non degenerassero in vizi e, pagando un tributo alla mancanza di conoscenze zoologiche della sua epoca, ovvero dimenticando la morale degli animali, egli attribuì l'origine delle·idee morali negli uomini alle lusinghe interessate dei genitori e della classe dirigente.

Ben si conosce la vigorosa critica morale fatta in epoca più tarda dai filosofi scozzesi e degli enciclopedisti[3], come sono noti gli anarchici del 1793[4]. Allo stesso modo si sa che il più elevato sviluppo del sentimento morale si trova nei cosiddetti legisti, nei patrioti, nei giacobini, i quali celebravano gli obblighi e le sanzioni morali da parte del Supremo, o negli hebertisti atei[5], i quali, come di recente ha fatto Guyau[6], negavano sia

---

2 Ndt. Charles Fourier (1772 – 1837) fu un filosofo francese, ispiratore della comunità socialista utopica, sorta in Texas con il nome *La Reunion*. Secondo Fourier tutte le passioni e le inclinazioni proprie della natura umana dovevano essere assecondate e soddisfatte.

3 Ndt. Dei **filosofi scozzesi**, si ricorda in particolare David Hume (1711 – 1776), rappresentante dello scetticismo radicale e del naturalismo. Tra le sue opere, *Trattato sulla natura umana* (1739 – 1740) e *Ricerca sui principi della morale*. Con il nome **Enciclopedisti** ci si riferisce a un gruppo di redattori della Encyclopédie (*Enciclopedia*) edita da Diderot e d'Alembert nel XVIII secolo in Francia. Tra questi, lo stesso Denis Diderot, Montesquieu, Jean-Jacques Rousseau.

4 Ndt. Il termine 'anarchici' venne inizialmente utilizzato in senso politico dal girondino Jacques Pierre Brissot, che, nel 1793, lo usò per definire negativamente la corrente politica degli *enragés* o arrabbiati, un gruppo rivoluzionario radicale, critico nei confronti di ogni forma di autorità, rappresentato dal sacerdote costituzionale Jacques Roux, da Jean- François Varlet e da Theophile Léclerc.

5 Ndt. Nome attribuito ai seguaci di Jacques-René Hébert (1757 – 1794), ultra rivoluzionario francese. Essi sostenevano una forma di socialismo di Stato e un ateismo programmatico, ma, a seguito di un fallito colpo di stato, nel marzo del 1794, vennero fatti ghigliottinare da Robespierre.

6 Ndt. Jean-Marie Guyau (1854 – 1888) è stato un filosofo e poeta francese, autore del testo *Abbozzo di una morale senza obbligo, né sanzione*, pubblicato nel 1885.

l'obbligo che la sanzione morale. "Perché sarò morale?", ecco il quesito che si ponevano i razionalisti del dodicesimo secolo[7], così come i filosofi del sedicesimo e i rivoluzionari e pensatori del diciottesimo.

La medesima domanda si ripresenta tra gli utilitaristi inglesi (Bentham e Mill[8]), tra i materialisti tedeschi, vedi Buchner[9], tra i nichilisti russi a cavallo tra il 1860 e il 1870[10] e in quel giovane fondatore dell'etica anarchica (scienza della morale delle società), il già citato Guyau, deceduto sfortunatamente troppo presto.

Si arriva così alla domanda che si pongono oggi i giovani anarchici francesi: "Perché, in effetti?".

Già trent'anni or sono, tale questione appassionava la gioventù russa. Un giovane nichilista così si espresse a un amico: "Io sarò immorale", traducendo in atto qualsiasi pensiero che lo tormentava. "Io sarò immorale, perché non dovrei? Forse perché è la Bibbia a volerlo? Ma in fondo essa non è altro se non una raccolta di tradizioni babilonesi e giudee, messa insie-

---

7 Ndt. Tra i razionalisti del XII secolo, molti studiosi collocano Pietro Abelardo (1079 – 1142), filosofo e teologo francese. In merito alla questione morale, egli sosteneva che non è sufficiente conoscere il concetto astratto di 'bene', ma occorre anche saperlo applicare alla situazione concreta ed è proprio qui che si incontrano le difficoltà e insorge l'incertezza. In questo, Abelardo dà grande importanza alla coscienza soggettiva: benché sia consapevole dell'esistenza di un bene assoluto e oggettivo, di una legge morale universale, a decidere nella realtà è la coscienza morale del singolo soggetto umano, che tale legge deve applicare alla sua esperienza concreta. Tra le opere di Abelardo, si ricorda *Storia delle mie disgrazie* (1130).

8 Ndt. **Jeremy Bentham** (1748 – 1832), filosofo e giurista inglese, è considerato uno dei primi esponenti dell'utilitarismo, una concezione filosofica che pone la ricerca dell'utile individuale o sociale come motivo fondamentale dell'agire umano, fondando così la morale stessa sull'utilità. **John Stuart Mill** (1806 – 1873) è stato un filosofo ed economista britannico, che aderì alle tesi proposte da Bentham e alla sua teoria etica.

9 Ndt. Ludwig Büchner (1824 – 1899) fu un medico e filosofo tedesco, secondo cui la materia era "il fondamento originario di ogni esistenza". Tra le sue opere, *Natura e spirito*, 1857.

10 Ndt. Il nichilismo è una corrente di pensiero che nega l'esistenza di valori morali assoluti o di verità universalmente valide. Il movimento russo, nato intorno al 1860 con il circolo del critico letterario Pinsarev, sosteneva la necessità di distruggere le istituzioni economiche e sociali esistenti, qualunque fosse l'ordine migliore da instaurare in seguito.

me al pari dei canti di Omero[11] o di quelli baschi o ancora delle leggende della Mongolia! Dovrei dunque assuefarmi allo stato spirituale dei popoli semi-barbari d'Oriente?".

"O forse lo sarò perché Kant insegna di un imperativo categorico[12], di un arcano ordine che mi viene dalle profondità di me stesso e che mi impone di essere morale? E perché dovrei dare ad esso più valore di quanto non debba conferire a quell'imperativo che, ogni tanto, mi induce a ubriacarmi? Esso non è che una parola, niente più di quella, coniata, al pari di Provvidenza e Destino, per celare la nostra ignoranza".

"O ancora dovrei essere morale per compiacere Bentham, il quale vuole indurmi a pensare che, s'io annegassi per salvare qualcuno caduto nel fiume, sarei comunque più felice di quanto potrei essere se, rimasto in salvo, lo guardassi annegare?".

"O forse dovrei esserlo perché così mi impone l'educazione conferitami da mia madre? In tal caso, dovrei inginocchiarmi dinanzi all'effigie di un Cristo o di una Madonna, mostrare rispetto verso il re e l'imperatore, ossequiare il giudice, anche se so che si tratta di un malvivente e tutto questo solo perché mia madre, le nostre madri, buone, ma ignoranti, ci hanno insegnato simili sciocchezze?".

"Non sono che pregiudizi e di essi, come di tutto il resto, lotterò per liberarmi. E, se proverò repulsione per questo mio essere immorale, mi sforzerò comunque di esserlo, così come, da fanciullo, facevo di tutto per superare la paura instillatami del buio, dei cimiteri, dei fantasmi e dei defunti. Spezzerò l'arma sfruttata dalle religioni, se non altro per contrastare l'ipo-

---

11 Ndt. Omero è il nome del poeta a cui vennero attribuiti i due poemi epici più noti *L'I-liade* e *L'Odissea*, oltre ad altre opere. Nessuna certezza vi è però tutt'oggi in merito alla sua reale esistenza.

12 Nde. Secondo Immanuel Kant (1724 – 1804), filosofo ed esponente dell'illuminismo tedesco, l'imperativo categorico è uno solo: "Agisci unicamente secondo quella massima, in forza della quale tu puoi volere nello stesso tempo che essa divenga una legge universale".

crisia che vogliono imporci con il nome di morale".

Queste le riflessioni che la gioventù russa faceva nel momento in cui rompeva i pregiudizi connaturati al 'vecchio mondo', innalzando la bandiera del nichilismo o, meglio ancora, della filosofia anarchica: "Non inchinarsi innanzi ad alcuna forma di autorità, più o meno rispettata; non accogliere principi che non si basino sulla ragione".

È forse necessario aggiungere che, dopo aver gettato nel cestino le idee morali dei loro padri e aver incenerito tutti i sistemi di moralità, i giovani nichilisti hanno sviluppato un proprio nucleo di 'costumi morali', di gran lunga superiori a quelli che i loro genitori solevano praticare sotto i dettami del Vangelo, della 'coscienza', dell'imperativo categorico o del 'vantaggio riconosciuto' degli utilitaristi?

Prima di dare risposta al quesito "Perché dovrei essere morale?", dovremmo capire se esso è adeguatamente formulato e analizzare le motivazioni alla base delle azioni degli uomini.

Capitolo II

I nostri antenati, per comprendere ciò che induce l'essere umano a compiere una determinata azione, utilizzavano un metodo piuttosto semplice. Tutt'oggi, in alcune immagini cattoliche, è possibile rinvenire tale spiegazione. Prendiamo l'esempio del dipinto di un uomo intento a camminare attraverso dei campi. Sulla sua spalla sinistra, siede un diavolo, che per tutto il tempo lo tenta a compiere azioni malvagie, su quella destra un angelo, che tenta di convincerlo a fare il contrario. Se quest'ultimo ha la meglio e l'uomo permane virtuoso, compaiono tre angeli e lo conducono in cielo. Ecco che tutto è spiegato.

Le anziane balie russe, che ogni cosa conoscono dell'argomento, vi esorteranno a non mettere a letto un fanciullo senza sbottonargli il collare della camicia. Alla base del collo, infatti, occorre lasciar aperto un cantuccio su cui l'angelo custode possa rannicchiarsi. In caso contrario, il diavolo tormenterà il sonno del bambino. E se anche, col passare del tempo, questi antichi concetti si affievoliscono, il significato permane inalterato.

Coloro istruiti non credono più nel demonio e, tuttavia, non essendovi, nelle loro idee, una razionalità superiore a quella delle bambinaie, ad essere realmente mutato è solo la terminologia adottata, che si confà a un'erudizione scolastica onorata con il nome di 'filosofia'. È così che, invece del diavolo troviamo 'la carne', 'le passioni' e, al posto dell'angelo, 'la coscienza', 'l'animo' o ancora 'il riflesso del pensiero del Dio Creatore', o del 'Grande Architetto', espressione usata dai massoni. A dispetto dei termini utilizzati, il senso non cambia: le azioni umane sono intese come il risultato dello scontro tra due elementi tra loro antagonisti. Più vittorie l'elemento chiamato 'coscienza' o 'anima' avrà conseguito sulle passioni e le tentazioni carnali, più l'uomo sarà considerato virtuoso.

È ben comprensibile, se si considerano tali primitivi concetti, quanto scandalo abbiano potuto suscitare nei nostri progenitori allorché i pensatori inglesi, e successivamente gli enciclopedisti, sostennero come diavoli e angeli nulla abbiano a che fare con le azioni degli uomini, giacché esse, che siano buone o malvagie, utili o dannose, sempre scaturiscono solo e soltanto dalla perenne ricerca del piacere.

L'intera congrega religiosa – e in *primis* le numerose sette dei farisei – si sollevò, tacciandoli di immoralità e sui filosofi piovvero invettive e scomuniche.

Altrettante maledizioni si attirarono, durante il nostro stesso secolo, Bentham, Mill, Cernysevskij[13] e tutti coloro che affermarono – e provarono – che l'egoismo, e dunque il perseguimento del piacere, costituisce il vero motore di ogni agire umano. Sui loro testi cadde la censura ed essi furono accusati di ignoranza.

Eppure, vi è forse un'affermazione più veritiera?

Prendiamo l'uomo che ruba a un fanciullo l'ultimo boccone di pane: dall'umanità egli è tacciato di egoismo e nessuno

---

13 Ndt. Nikolaj Gavrilovic Cernysevskij (1828 – 1889) fu un grande pensatore democratico, materialista e socialista utopista. Insieme ad altri intellettuali democratici russi, nella seconda metà del 1800 a Pietroburgo, in contrasto con la politica riformatrice dello zar Alessandro II, si riunì intorno alla rivista *Il contemporaneo*, fondata da Puskin, allo scopo di diffondere quelle idee liberali che aprirono la via alla rivoluzione.

obietterebbe se si dicesse che, a guidarlo, è unicamente l'amor proprio.

Osserviamo ora un altro uomo, da tutti ritenuto virtuoso: egli divide il suo ultimo pezzo di pane con gli affamati, si spoglia per coprire coloro che tremano di freddo. Ecco che i moralisti, attenendosi strettamente al proprio gergo religioso, non esitano ad affermare come l'amore per il prossimo – o comunque un sentire opposto all'egoismo – spinga questo individuo ad agire fino all'abnegazione di sé.

E tuttavia, se si riflette con maggior ponderazione, si arriva alla conclusione che il movente all'origine di entrambi i comportamenti – i quali senza alcun dubbio risultano opposti e contrari – sia il medesimo, ovvero la ricerca del proprio piacere. Infatti, se l'uomo che offre la sua camicia a un altro non sentisse alcun appagamento nel compiere tale gesto, di certo agirebbe diversamente; se egli si compiacesse nel togliere del pane a un fanciullo lo farebbe, ma, poiché prova repulsione per un simile comportamento e, al contrario, percepisce piacere nel donare, è così che agisce.

Se non fosse sconveniente fomentare la confusione impiegando in un diverso senso parole a cui è riconosciuto un determinato significato, si potrebbe affermare che entrambi agiscono sotto l'impulso del loro egoismo. E, in effetti, vi è qualcuno che ha sostenuto questo, per dare sostegno al pensiero e precisare l'idea, presentandola in una forma che colpisce l'immaginazione e, nel contempo, per distruggere il mito che vuole dietro alle due azioni due diverse motivazioni.

I due uomini rispondono al medesimo impulso, quello della ricerca della soddisfazione o, in altri termini, dell'annullamento del dolore.

Prendiamo a esempio il peggiore dei mascalzoni, un Thiers[14], capace di massacrare trentacinquemila parigini, o un

---

14 Ndt. Marie Joseph Louis Adolphe Thiers (1797 – 1877) fu il primo Presidente della Terza

assassino che macellò un'intera famiglia per sguazzare liberamente nella dissolutezza. In quel momento, in entrambi, la bramosia del potere, della gloria e del denaro travalica qualsiasi altro sentimento: nulla possono la pietà o la compassione contro tale inestinguibile frenesia. Essi agiscono in modo meccanico, quasi fossero automi, spinti unicamente dalla necessità di soddisfare un desiderio per loro naturale.

O ancora, mettendo da parte le passioni più forti, prendiamo l'uomo meschino che truffa i suoi stessi amici, che non esita a mentire in qualsiasi istante, che sia per estorcere qualche moneta per la birra o per pura millanteria o ancora per dimostrare la propria astuzia. Poniamo ora il caso dell'imprenditore che deruba i suoi operai per comprare gioielli alla moglie o all'amante, o quello di un qualsiasi furfante: essi non fanno altro se non obbedire a un impulso, cercando di soddisfare un desiderio o allontanare un qualsiasi tormento. Si prova vergogna nel porre a confronto questi miserevoli mascalzoni con coloro che sacrificano la propria vita, finendo sul patibolo per l'affrancamento degli oppressi, come i nichilisti russi, giacché ai fini dell'umanità queste due esistenze paiono così diverse, che dall'una siamo attratti come dall'altra respinti.

Eppure, se interrogate questo martire, questa donna destinata all'impiccagione, nel momento stesso in cui si appresta a essere giustiziata, si direbbe orgogliosa della sua vita da preda braccata dalle belve dello zar e non la baratterebbe per quella di un qualsiasi farabutto che non esita a derubare i lavoratori. È nella lotta contro i peggiori mostri che egli o ella rinviene i maggiori piaceri. Se paragonati a una simile battaglia, ogni misera gioia e miseria di un qualunque borghese paiono così vuote, così tristi e meschine!

"Vi limitate a vegetare, non può essere chiamata vita la vo-

Repubblica francese. Sia durante la Comune di Parigi, allorché egli era Presidente del Consiglio, sia nel periodo della Monarchia di Luglio, quando era ministro degli Interni (aprile 1834), egli represse duramente i moti popolari.

stra!", vi direbbe, "solo io posso dire di aver vissuto veramente!".

Naturalmente stiamo parlando di tutte le azioni consapevoli dell'uomo, non di quelle meccaniche, inconsce, di cui tratteremo successivamente e che pure sono così importanti nelle nostre esistenze.

Comunque, in questi atti deliberati e coscienti, l'uomo sempre ricerca il proprio piacere. Perfino un ubriacone si riduce in quello stato ogni giorno perché il vino gli procura quell'eccitazione di cui abbisogna, poiché il suo sistema nervoso ne è privo.

Allo stesso modo, un altro, pur trovando nell'alcool il medesimo piacere, non si ubriaca perché necessita di quella limpidità di pensiero e di quell'energia vitale per procurarsi migliori godimenti. Non è forse costui paragonabile al buongustaio che, osservando il menù di un grande pranzo, rinuncia a un piatto che gradisce per abbuffarsi di un altro da lui prediletto?

Qualsiasi cosa faccia, l'uomo sceglie il conseguimento del proprio benessere o, quantomeno l'allontanamento di una qualche forma di sofferenza. Anche quando una donna rinuncia al suo ultimo pezzo di pane per donarlo a un affamato o si priva, pur tremando per il gelo, dell'ultimo straccio per donarlo a un'altra creatura infreddolita, lo fa soltanto perché vedere gli altri soffrire le procurerebbe maggiore disperazione, di quella causatale dalla fame e dal freddo. In quel modo ella evita di provare un tormento, la cui intensità solo coloro che lo hanno percepito possono intuire.

Anche l'australiano di cui parla Guyau languisce per il fatto di non essere riuscito a vendicare la morte di un suo consanguineo, crogiolandosi afflitto nella sua vigliaccheria e solo dopo aver attuato la sua vendetta rifiorisce: ebbene quell'azione, apparentemente eroica, viene compiuta solo ed esclusivamente per allontanare un tormento che lo assilla, per ritrovare la pace interiore perduta.

Allo stesso modo agiscono le scimmie: allorché una di loro viene uccisa da un cacciatore, esse non esitano ad assalire in branco la sua tenda per reclamarne il corpo e portarlo, gemendo, nella foresta, giacché in loro il sentimento del cordoglio supera ogni timore per la propria sicurezza, travalica qualsiasi altro sentire. La loro stessa vita perde significato fino al momento in cui realizzano di non poter riportare in vita il compagno deceduto. Dunque si può dire che, pur di liberarsi di quel sentimento, perfino le bestie farebbero qualsiasi cosa. Così le formiche, gettandosi a migliaia in un formicaio che l'uomo ha appena dato alle fiamme, si limitano ad accondiscendere al bisogno di salvare le loro larve, che hanno allevato fino a quel giorno con una cura perfino maggiore di quella riservata da molte donne ai propri figli, tanto che, per non perderle, sono disposte a immolare la loro stessa vita.

E ancora quando un infusore[15] ricerca i raggi solari più tiepidi e rifugge quelli troppo forti o quando una pianta apre i suoi fiori alla luce del sole, per poi chiuderli nelle ore notturne, si può dire che questi esseri animali e vegetali rispondono al bisogno in essi innato di evitare ciò che procura loro sofferenza e ricercare quanto gli suscita piacere, come facevano i martiri anarchici e cristiani, l'australiano, le scimmie e le formiche.

La ricerca del piacere e l'allontanamento dal dolore è un fatto connaturato – che qualcuno ha chiamato legge – al mondo organico e può essere definito l'essenza stessa della vita, giacché, se tale impulso non esistesse, l'esistenza stessa sarebbe privata del suo fondamento, gli organismi si disintegrerebbero e la vita avrebbe fine.

Per questo possiamo affermare senza dubbi che, qualsiasi azione compia l'uomo, essa è motivata dall'obbedienza a un

---

15 Ndt. In zoologia, il nome infusori si riferisce a una classe di protozoi, anche detti ciliati o alla comunità di organismi (batterî, alghe, funghi, protozoi e piccoli metazoi), che si ritrova nelle sostanze organiche in via di decomposizione.

bisogno insito nella sua stessa natura. Così il comportamento più orribile, come quello più apprezzabile o, ancora, più insensato sono dettati da un'urgenza percepita dall'individuo. In qualsiasi modo egli agisca, lo fa perché in quell'atto prova un qualche piacere o per lo meno evita – o ritiene di farlo – una maggiore sofferenza.

Ecco il dato di fatto, ecco il nucleo centrale della cosiddetta 'teoria dell'egoismo'.

Vediamo ora che, nel giungere a questa generale conclusione, abbiamo ottenuto una verità e annientato un pregiudizio fondamentale, che è alla base di tutti i nostri preconcetti.

L'intera filosofia materialista relativa all'uomo è accomunata da questo concetto fondamentale. Ma essa significa realmente che tutti gli atti dell'uomo abbiano, come conseguenza, il medesimo valore, così come alcuni si sono affrettati ad asserire? Questo è quanto vedremo nella sezione successiva.

Capitolo III

Abbiamo testé affermato come le azioni coscienti dell'uomo – successivamente affronteremo quelle inconsce – provengano dalla medesima origine. Gli atti cosiddetti virtuosi, come quelli viziosi, i più grandi gesti di altruismo, come i più infimi imbrogli, i comportamenti più attraenti come quelli maggiormente repulsivi condividono la medesima sorgente. Essi rispondono cioè a un bisogno naturale dell'uomo: la ricerca di un qualche piacere e l'allontanamento di una sofferenza.

Questo quanto abbiamo concluso nel capitolo precedente, dopo aver sintetizzato un insieme di fatti che potrebbero essere riportati a sostegno di quella particolare tesi.

Ora, una simile spiegazione, annientando tutto ciò che possiamo chiamare soprannaturale e rigettando l'idea dell'immortalità dell'anima, potrebbe suscitare scandalo in coloro impregnati di principi religiosi.

Infatti se è vero che gli uomini obbediscono unicamente alle necessità insite nella loro natura, se non sono altro che 'automi consapevoli', cosa resta dell'anima immortale?

Cosa diviene l'immortalità, quell'estremo conforto per coloro che troppe sofferenze e pochi piaceri hanno conosciuto in vita e che anelano a trovare nell'Aldilà una qualche forma di compensazione?

È inevitabile che costoro, educati tra i preconcetti, sospettosi di quella scienza che troppo spesso li ha imbrogliati, guidati dal sentimento e non dalla ragione, rifiutino una spiegazione che li priverebbe della loro ultima speranza.

Ma cosa dire allora di quei rivoluzionari che, a partire dal secolo scorso fino ai nostri giorni, nell'ascoltare una qualsiasi spiegazione naturale delle azioni degli uomini – tra cui la teoria dell'egoismo – concludono, come il giovane nichilista descritto precedentemente: "Abbasso la morale?".

E cosa dire di coloro che, persuasi che le azioni umane sono spinte unicamente da un bisogno della natura, non esitano ad affermare che tutte le azioni hanno il medesimo valore, che non esistono più il bene e il male, che salvare un uomo dall'annegamento e affogarlo per poterlo derubare sono atti equivalenti, che non vi è differenza tra il martire che si immola per gli oppressi e il malvivente che ruba ai suoi stessi compagni, poiché entrambi ricercano il piacere?

Se sostenessero che non esiste il buono, né il cattivo odore, che non si può distinguere tra il profumo della rosa e il tanfo dell'assafetida[16], giacché entrambi non sono altro se non vibrazioni di molecole; che non esistono il buono o il cattivo gusto perché anche il sapore amaro del chinino e quello dolce del miele sono solo vibrazioni molecolari; che non si può parlare di bellezza o bruttezza, di intelligenza o stupidità, perché anch'esse sono il risultato di vibrazioni chimiche e fisiche che operano sulle cellule degli organismi; ebbene, se dicessero tutto ciò, per quanto li si accuserebbe di farneticare, si ravviserebbe in loro quantomeno la coerenza dei folli.

Ma, poiché non affermano tutto ciò, cosa concluderne?

La nostra risposta è piuttosto semplice. Sia Mandeville, che

---

16 Ndt. L'assafetida, detta anche concime del diavolo, è una pianta asiatica, da cui si ricava una gomma resinosa dal forte e sgradevole odore. Essa viene usata non solo come spezia nella cucina indiana, ma anche in campo medico per le sue proprietà terapeutiche: è infatti un ottimo disinfettante, fa digerire ed è ottima per l'intestino.

nel 1723 così rifletteva nella già citata *Favola delle api*, sia i nichilisti russi del periodo a cavallo tra il 1860 e il 1870, sia l'anarchico parigino a noi contemporaneo pensano in questo modo perché influenzati, seppure inconsciamente, dai pregiudizi della loro educazione cristiana. E, pur credendosi atei, materialisti e anarchici, ragionano allo stesso modo in cui erano soliti fare i padri della Chiesa o i fondatori del Buddhismo. Questi infatti sostenevano: "Un'azione può dirsi buona se rappresenta la vittoria dell'anima sulla carne; cattiva se è quest'ultima a uscire vincitrice sulla prima; indifferente se nessuna delle due prende il sopravvento sull'altra. Solo così si può distinguere un'azione buona da una cattiva".

I nostri amici, seguendo gli assiomi dei loro predecessori, ripetono: "Non vi è altro modo per distinguere un'azione buona da una malvagia".

I Padri della Chiesa affermavano altresì: "Prendete a esempio le bestie: le loro azioni, essendo essi privi di anima immortale, rispondono unicamente ai bisogni della loro natura. Per questo i loro comportamenti non possono essere definiti buoni, né cattivi, ma acquisiscono il medesimo valore ed è per questo che non possono esservi un inferno e un paradiso per gli animali, che mai andranno incontro a ricompense o a punizioni".

E i nostri giovani amici, riprendendo il ritornello di Agostino e Sakyamuni[17], sostengono: "L'uomo è una bestia, per cui le sue azioni scaturiscono unicamente dal desiderio di soddisfare un bisogno naturale; per questo non possono esservi azioni buone, né cattive, ma esse hanno tutte pari valore".

Ecco che ricompare la dannata logica della punizione e del castigo, che tanto intralcia la ragione; ecco che si ripresenta

---

17 Ndt. **Sant'Agostino** (354 — 430 d.C.) fu un filosofo, un vescovo e un teologo romano, Padre, dottore e santo della Chiesa cattolica. **Gautama** o **Sakyamuni** (ovvero 'il saggio dei Sakya'), è un personaggio storico, fondatore del buddhismo. Le notizie storiche intorno alla sua vita e alla sua figura sono in larga parte leggendarie.

l'eredità degli insegnamenti religiosi – i quali reputano buona l'azione che proviene da un'ispirazione divina e indifferente quella in cui tale ispirazione è assente – ed ecco che, proprio in coloro che l'avevano derisa, riaffiora l'idea dell'angelo collocato sulla spalla destra e del diavolo sulla sinistra.

"Cacciate il diavolo e l'angelo, e, non avendo altri criteri per giudicare, non saprò più dirvi se una tale azione sia buona o cattiva". Ecco che il prete è sempre presente, con i suoi angeli e i suoi diavoli, e tutta la vernice materialista non basterà a nasconderlo.

E, peggio ancora, è sempre presente il giudice, che distribuisce pene ad alcuni e ricompense ad altri, perché neppure i principi anarchici sono riusciti a sradicare del tutto quest'idea di premi e punizioni.

Suvvia, noi non vogliamo preti, né giudici!

Affermiamo: "L'assafetida puzza, il serpente morde, il bugiardo inganna? Ebbene tutti e tre obbediscono a bisogni insiti nella loro natura. Ed io faccio altrettanto odiando la pianta che emana un tale fetore, avversando il serpente velenoso e l'uomo che è ancora più infido di quello. Le mie azioni non sono che una conseguenza di tutto ciò, non dipendono dal diavolo, che non conosco, né dal giudice, che mi risulta più detestabile del serpente. Insieme a tutti coloro che manifestano le mie stesse antipatie, obbedirò a un bisogno della mia natura. Vedremo chi, tra noi, avrà la ragione e, dunque, la forza". Questo è quanto vedremo e, se anche Sant'Agostino non conosceva altro modo per distinguere il bene dal male, scopriremo che il regno animale ne ha un altro, molto più efficace di quello. Perché nel mondo animale – dal più infimo insetto all'uomo – non serve consultare la Bibbia o ricorrere a un qualsiasi pensiero filosofico per sapere cosa è bene e cosa male. E, se le cose stanno così, la ragione giace nei bisogni della natura di ciascuna specie e, in particolare, nella preservazione della razza e nel più elevato grado di benessere raggiungibile dall'individuo.

Capitolo IV

I teologi mosaici[18], buddhisti, cristiani e musulmani, volendo discernere il bene dal male, hanno sempre fatto ricorso all'ispirazione divina. A loro parere, l'uomo, che sia ancora selvaggio o civilizzato, ignorante o istruito, malvagio o buono, sempre riconosce se le sue azioni sono giuste o sbagliate e di sicuro è perfettamente in grado di accorgersi quando sta compiendo un atto scellerato. Non trovando però una spiegazione per questa 'regola' generale, hanno introdotto l'idea della divina illuminazione.

I pensatori metafisici, d'altra parte, ci hanno parlato di coscienza, di imperativo mistico, mutando, in concreto, semplicemente la terminologia.

Nessuno di loro ha però mai constatato un fatto oltremodo sorprendente: gli animali che vivono in società non solo riescono a distinguere il bene dal male, ma mostrano di possederne concetti del tutto simili a quelli condivisi dagli uomini. E tali concetti sono i medesimi presso i rappresentanti maggiormente sviluppati di ogni specie – pesci, insetti, volatili, mammiferi.

---

18 Ndt. I teologi mosaici sono i seguaci della legge mosaica, ovvero di quel codice giuridico che Jeova diede agli israeliti nel 1513 e che impediva al popolo di Dio di contaminarsi con pensieri e comportamenti pagani.

Benché i pensatori del diciottesimo secolo avessero rilevato tale straordinario fatto, successivamente la cosa pare essere caduta nell'oblio e ci troviamo ora in obbligo di sottolineare la rilevanza di questa scoperta. Forel[19], impareggiabile studioso delle formiche, affermò, fornendo un enorme quantitativo di materiale comprovante, che se una formica con il gozzo colmo di miele ne incontra altre a digiuno, subito queste ultime le domandano del cibo. In questi casi, le formiche sazie considerano un dovere rigurgitare il miele per sfamare le proprie compagne. Se si potesse domandare a delle formiche se ritengono giusto rifiutare del cibo ad altre che vivono nel loro stesso formicaio, queste vi farebbero comprendere, con gesti inequivocabili, che sarebbe sbagliato. Una formica che si comportasse in modo così egoistico sarebbe trattata duramente più di quanto lo sarebbero i nemici di altre specie. Vi sono prove indubitabili di questo fatto, tanto che, se un simile comportamento accadesse durante una lotta contro un'altra categoria di insetti, le formiche abbandonerebbero la battaglia per punire severamente la loro egoista compagna.

Allo stesso modo, se domandaste ai passerotti del vostro giardino se sia o meno corretto, qualora rinvengano delle briciole di pane, non avvertire i membri della loro comunità, affinché il pasto sia tra tutti condiviso, potete ben immaginare la loro risposta. Provate a chiedere a uno qualsiasi di loro se reputi un buon agire il comportamento di quel passero che, invece di procurarsi da solo il filo di paglia che gli occorreva, lo ha rubato dal nido di un altro: il modo in cui lui e tutti i suoi compagni si getterebbero sul responsabile del furto, beccandolo a più non posso, vi garantirà quanto considerino sbagliato questo suo atto.

---

19 Ndt. Auguste Forel (1848 — 1931) fu un neurologo ed entomologo svizzero, professore (1879-93) di psichiatria a Zurigo. Divenne noto per i suoi studi della struttura del cervello umano e di quello delle formiche.

E ancora rivolgetevi alle marmotte, chiedendo loro se impedire l'accesso alle gallerie sotterranee a una di loro, appartenente alla medesima comunità, sia o meno un'azione da avallare. È indubbio che, considerandola un'ingiustificabile cattiveria, puniranno severamente il compagno tiranno.

Infine, se indagate presso gli uomini primitivi, come per esempio i *tchouktches*[20] se ritengono giusto prelevare dalla tenda di un altro membro della loro tribù – e in sua assenza – del cibo.

Replicheranno che, se l'uomo in questione è in grado di procurarsi cibo autonomamente, il suo comportamento non è tollerabile, ma, se il soggetto versa in malattia o è impossibilitato a reperirne per suo conto, tale atto risulta giustificato e non è passivo di critica. In questo caso, però, egli dovrebbe lasciare sul luogo un qualche oggetto di riconoscimento, un berretto, un coltello, finanche uno spago annodato, così che il proprietario possa capire che nella sua tenda è entrato un amico e non un ladro. È questa una precauzione utile a rassicurare colui che è assente, che sarebbe oltremodo angosciato dalla presenza di un malvivente nei pressi della sua proprietà.

Mille di questi fatti potrebbero essere citati a esempio, tanto che il descriverli riempirebbe un'infinità di libri, il cui contenuto potrebbe dimostrare una volta per tutte come i concetti di bene e male siano molto simili nel regno umano e in quello animale.

Tutti i soggetti, umani o animali, fin qui presi in considerazione non conoscono Kant, né i Padri della chiesa o Mosè. Ciononostante, essi mostrano di possedere le medesime concezioni di giusto e sbagliato. A ben riflettere, si può notare che quanto viene reputato 'buono' presso tutti loro è tutto ciò che serve a preservare la specie, laddove l'etichetta 'male' viene utilizzata per quanto risulta essere ad essa nocivo. Non per

---

20 Ndt. Si tratta di un popolo paleo-siberiano insediato nella zona nordorientale della Russia.

il singolo, come dicevano Bentham e Mill, bensì per l'intera razza.

I concetti di bene e male nulla hanno a che vedere con la religione o la cosiddetta 'coscienza', bensì rappresentano bisogni naturali delle razze animali. Ogniqualvolta i fondatori delle religioni, i filosofi e i moralisti predicano di entità divine e metafisiche, si limitano in realtà a ribadire quanto ogni formica e volatile applica nella propria comunità: se è utile ad essa è bene, se la danneggia è male.

E se anche questa idea può assumere, nelle specie più progredite, ulteriori connotazioni ed essere più o meno estesa, l'essenza permane immutata in tutte. Le formiche la applicano unicamente ai membri del proprio formicaio e mai si priverebbero di cibo – né riterrebbero giusto farlo – per sfamare quelli appartenenti ad altri. Ogni formicaio rappresenta una 'famiglia' a sé stante e solo in casi eccezionali – come l'incombere di un comune pericolo, essi potrebbero unirsi, estendendo i concetti di bene e male al nuovo alleato. Allo stesso modo i passeri che risiedono ai giardini del Lussemburgo di Parigi, pur aiutandosi l'un l'altro, mostrano piena ostilità nei confronti di quegli incauti volatili abitanti di Piazza Monge che osano avventurarsi nel loro territorio. Così i *tchouktches*, che sono divisi in clan, applicano le regole del buon agire unicamente all'interno della propria tribù. Per esempio, essendo la vendita tra loro parificata alla truffa – poiché sempre chi vende si approfitta dell'acquirente – è vietata la compravendita all'interno della tribù, dove vige la regola del chiedere e donare, laddove tale pratica è consentita con membri ad essa estranei.

L'uomo maggiormente civilizzato, al contrario, una volta fatta propria la sua relazione con il più arretrato dei Papuani, tenderà ad estendere la propria amicizia e solidarietà a tutto il genere umano e a buona parte di quello animale.

E tuttavia, per quanto esteso o ristretto tale concetto possa essere, il suo significato più profondo è identico in ogni specie. Questo non significa che la concezione di 'bene e male' non varia in base al grado di intelligenza o di conoscenza. Come ogni cosa, anch'essa è soggetta a mutazioni.

Se il primitivo reputava giusto cibarsi dei genitori ormai anziani, che rappresentavano un peso per la comunità, come pure uccidere i neonati in sovrannumero – non si dovevano superare i due o tre figli a nucleo famigliare – affinché le madri potessero allattarli fino all'età di tre anni, concedendo loro le massime cure e tenerezze, tali idee sono oggi bandite dall'uomo civile. Del resto a mutare sono stati anche i mezzi di sussistenza, decisamente superiori a quelli presenti nell'età della pietra.

L'uomo civilizzato non è più costretto a scegliere tra il reputare commestibili i propri genitori anziani o nutrire in modo inadeguato l'intera famiglia, condannando tutti all'inedia.

Se riuscissimo a identificarci con quelle antiche creature, trasportandoci in epoche che a malapena riusciamo a evocare con la mente, forse arriveremo alla conclusione che, in simili circostanze, il ragionamento dell'uomo primitivo non poteva considerarsi del tutto sbagliato.

Muta il modo di pensare e muta la valutazione di quanto sia positivo o negativo per la razza, ma l'essenza del concetto si mantiene costante. Se si decidesse di riassumere l'intera filosofia del regno animale in una frase, vedremo che formiche, volatili, marmotte e esseri umani concordano su un punto.

I cristiani predicano: "Non fare ad altri ciò che non vorresti fosse fatto a te", aggiungendo la minaccia dell'inferno.

Osservando il mondo animale, si evince la seguente morale, ben superiore a quella precedentemente espressa: "Fai agli altri ciò che vorresti fosse fatto a te nelle medesime circostanze". E si può aggiungere: "Non è che un consiglio, ma esso scaturisce da una lunga esperienza di animali che vivono in società, compresi gli uomini, presso i quali agire secondo questo principio è ormai un'abitudine imprescindibile, senza la quale nessuna società potrebbe sopravvivere e nessuna razza potrebbe superare gli ostacoli della natura, che si trova innanzi".

Ma è davvero questo principio così semplice che si evince osservando le società di animali e uomini?

Esso è realmente applicabile?

E in che modo muta in abitudine e si sviluppa sempre più?

A tutte queste domande risponderemo nel capitolo successivo.

Capitolo V

L'idea del bene e del male è insita nell'umanità. Qualsiasi sia il grado di evoluzione intellettuale raggiunto dall'uomo, per quanto le sue idee possano essere o meno offuscate da preconcetti e interessi egoistici, ciascun individuo non può fare a meno di ritenere 'bene' ciò che porta vantaggi alla società e 'male' ciò che le nuoce. Da dove scaturisce una simile concezione, che risulta talvolta così indefinita da essere equiparabile non a un'idea, ma a un sentimento?

Vi sono milioni di uomini che mai si sono soffermati a riflettere sul significato di 'specie umana'. Per tutti costoro ciò che conta è la famiglia o il proprio clan di appartenenza, nei casi più rari la nazione. Pochissimi coloro che mostrano interesse per l'umanità intera. Come è allora possibile che tutti loro siano accomunati dal medesimo concetto per cui 'è buono ciò che si rivela utile alla specie?'.

Come è possibile che, a dispetto del proprio istinto egoistico, percepiscano un qualche sentimento di solidarietà quantomeno verso i residenti del loro stesso territorio?

In ogni epoca gli intellettuali hanno cercato una risposta a tali quesiti, che tutt'oggi dominano i loro pensieri, tanto che continuano a uscire nuove pubblicazioni sull'argomento.

Anche noi vogliamo fornire la nostra interpretazione, tenendo presente che, se anche le spiegazioni possono essere diverse, il fatto resta comunque insindacabile e lo resta pure se la motivazione da noi individuata dovesse risultare erronea o incompleta. Sappiamo bene che, pur non potendo spiegare con certezza e completezza l'origine dei pianeti che ruotano attorno al sole, la loro presenza e i loro moti sono incontestabile, tanto più che noi stessi ci troviamo su uno di quelli.

Abbiamo già accennato alla spiegazione data dalla religione, secondo cui l'uomo discerne il bene dal male perché Dio gli ha ispirato tale idea ed egli, indipendentemente dal fatto di ritenerla giusta o sbagliata, non deve far altro che obbedire al Creatore. Non riteniamo necessario soffermarci oltre su tale interpretazione, triste frutto dell'ignoranza e delle paure del selvaggio.

Altri, e tra questi Hobbes[21], hanno trovato la motivazione nella Legge, che sviluppa nell'uomo il sentimento del 'giusto' e 'ingiusto', del 'bene' e del 'male'. I nostri lettori potranno esprimere liberamente il proprio giudizio in merito. È ormai risaputo come, in nome della Legge, siano stati sfruttati i sentimenti sociali degli uomini, per instillare in loro, attraverso determinati precetti morali condivisi, ordini che andavano a profitto di una minoranza e che mai avrebbero accolto spontaneamente.

Invece di sviluppare il senso di giustizia, la Legge lo ha corrotto.

Neppure intendiamo soffermarci sulla spiegazione fornita dagli utilitaristi. Asseriscono che l'uomo agisce moralmente per puro interesse personale e neppure prendono in considerazione la solidarietà che egli mostra verso i suoi simili, sentimento che non può in alcun modo essere negato. E se anche

21 Ndt. Thomas Hobbes (1588 – 1689) è stato un filosofo e matematico britannico. Secondo lui, ogni uomo ritiene 'bene' ciò che gli piace e 'male' ciò che gli dispiace. Poiché questo relativismo etico impedirebbe la convivenza umana, lo Stato interviene con le sue leggi, stabilendo per tutti ciò che è bene o male.

si intravede, nella loro spiegazione, un briciolo di verità, siamo ancora lontani dal coglierla per intero.

Occorre arrivare al diciottesimo secolo, perché si individui, almeno in parte, l'origine dei sentimenti morali. Vi è uno splendido libro, censurato dalla Chiesa e poco conosciuto anche dai pensatori più anticlericali. È un testo di Adam Smith, il quale pone il dito sulla vera origine dei sentimenti morali[22]. Invece di cercarla nella religione o nel misticismo, la vede nel semplice sentimento della simpatia.

Poniamo il caso in cui vedete un uomo intento a picchiare un fanciullo. Sapete bene come quest'ultimo soffra e, tramite l'immaginazione, sentite su di voi la medesima sofferenza, quella che il suo volto rigato di lacrime vi fa intuire. A meno che non siate un vigliacco, vi lancerete su quel bruto e trarrete in salvo il bambino. Ecco un esempio da cui comprendere tutti i sentimenti morali. Quanto più la vostra immaginazione sarà forte, tanto più riuscirete a immedesimarvi in colui che soffre e tanto più intenso sarà il vostro sentimento morale. Più riuscirete a mettervi nei panni della vittima, più sentirete il suo stesso dolore, la sua umiliazione e più sarete indotti a impedire che egli soffra ancora.

E maggiormente sarete avvezzi dalle circostanze, da coloro che sono attorno a voi e dall'intensità del vostro stesso pensiero e della vostra immaginazione ad agire nella direzione da essi indicata, più crescerà in voi il sentimento morale, fino a divenire abitudine.

Adam Smith riporta numerosi esempi a sostegno di questa idea nella sua opera giovanile, che risulta decisamente superiore a quella scritta molti anni dopo e relativa all'economia politica. Affrancato da pregiudizi religiosi, poté cercare la spiegazione morale in un fattore puramente fisico dell'umana na-

---

22 Ndt. Il riferimento qui è al testo *Teoria dei sentimenti morali* (1759), pubblicata dal filosofo ed economista scozzese Adam Smith (1723 – 1790), da molti definito il padre della scienza economica.

tura, motivo per cui il prelato – sia ufficiale, sia stonacato – ha per secoli inserito il suo trattato nella lista nera.

L'unico errore di Smith è stato quello di non aver compreso come questo sentimento di simpatia, divenuto abitudine, sia presente non solo negli uomini, ma anche negli animali.

Per quanto coloro che generalizzano le teorie di Darwin e che ignorano deliberatamente quanto egli non prese in prestito da Malthus[23] possano non essere d'accordo, il sentimento della solidarietà domina la vita di tutti gli animali che si radunano in comunità. L'aquila non esita a divorare il passerotto, né il lupo a sbranare marmotte, tuttavia i due predatori si aiutano a vicenda nella caccia, così come le loro prede si mostrano l'una con l'altra così solidali, che solo le più deboli si fanno prendere.

In qualsiasi società animale, la solidarietà costituisce una vera e propria legge naturale, che supera per importanza quella lotta per l'esistenza, le cui virtù i borghesi ci ripetono in ogni ritornello, per ottundere le nostre menti e annientarci.

Ogniqualvolta analizziamo il regno animale in tutte le sue specie, cercando di comprendere la lotta per la sopravvivenza che ogni essere vivente deve praticare per avere la meglio su

---

23 Ndt. Nel formulare la propria teoria dell'evoluzione Darwin (1809 – 1882) trasse ispirazione dalla lettura, nel 1838, del *Saggio sul principio della popolazione dell'economista* Thomas Malthus (1766 – 1834). La differenza tra i due sta nell'individuazione, da parte di Darwin, del sentimento di solidarietà. Nel V Capitolo de *L'origine della specie*, intitolato *Sullo sviluppo delle facoltà intellettuali e morali nelle epoche primordiali e civilizzate*, egli scrive "L'aiuto che ci sentiamo spinti a dare a chi ne ha bisogno è principalmente un risultato accidentale dell'istinto di simpatia, che fu acquisito originariamente come parte degli istinti sociali, ma che divenne in seguito, nel modo precedentemente esposto, più delicato e ampiamente diffuso. E non possiamo frenare la nostra simpatia, anche contro le esortazioni della dura ragione, senza guastare la parte più nobile della nostra natura. Il chirurgo può indurire se stesso mentre effettua un'operazione, perché sa che sta agendo per il bene del paziente, ma se noi intenzionalmente trascuriamo i deboli e gli inermi, può derivarne solo un beneficio eventuale, a fronte di un male terribilmente presente". Kropotkin parla di "darwinismo riformista" in quanto legittima la cooperazione, l'altruismo e l'intervento statale per sviluppare la solidarietà reciproca, così che la 'lotta per la sopravvivenza', invece di essere intesa come una lotta sanguinaria e mortale, diviene una coesistenza di esseri viventi "in lotta" per coabitare e diminuire i rischi.

nemici e circostanze avverse, possiamo constatare che, laddove il principio di solidarietà è maggiormente applicato – e rappresenta un'abitudine –, la specie in questione ha maggiori possibilità di sopravvivere e trionfare contro tutto ciò che le si pone a ostacolo.

Maggiore è la solidarietà reciprocamente percepita dai membri della società, meglio vi si sviluppano quelle due qualità che rappresentano i principali fattori di vittoria e progresso, ovvero il coraggio e la libera iniziativa individuale. Al contrario, più tale sentimento viene represso o dimenticato – per esempio a seguito di una diffusa miseria o a un'eccessiva abbondanza di risorse – più quei due fattori calano fino a scomparire del tutto, tanto che quella società, avviata verso la decadenza, è destinata a soccombere ai nemici.

In assenza di reciproca fiducia, ogni lotta è destinata a fallire; nessuna audacia, nessuna iniziativa, nessuna solidarietà e nessuna vittoria. La sconfitta è in questi casi inevitabile.

Un giorno, quando torneremo su questo argomento, potremo dimostrare con molteplici prove che, nel mondo animale come in quello umano, la legge del mutuo soccorso rappresenta la legge del progresso e che solidarietà, coraggio e iniziativa individuale garantiscono alla specie che meglio pratica tale legge maggiori possibilità di vittoria. Al momento, però, ci limiteremo a constatare questo fatto.

Il lettore potrà comprenderne da solo la portata ai fini del nostro argomento.

Immaginiamo ora un simile sentimento di solidarietà, che agisce da milioni di anni, da quando cioè le prime forme di vita animale si sono sviluppate sulla Terra. Immaginiamolo divenire, poco a poco, abitudine, tanto da essere trasmesso per eredità dal più piccolo e semplice organismo vivente a tutti coloro che da lui discendono – dapprima gli insetti, poi i rettili, i mammiferi e, infine, l'uomo – e potremo comprendere l'origine del sentimento morale, il quale non è altro se non una 'necessità', al pari del nutrimento e della digestione.

Non occorre portare avanti questo discorso, soffermandosi su forme animali più complesse, risultanti da colonie di esseri minuscoli particolarmente semplici, per raffigurarci l'origine del sentimento morale.

D'altra parte, si è reso necessario, per non superare le poche pagine previste, sintetizzare molto una questione così grande. Tuttavia, quanto finora asserito dimostra che non vi è alcunché di mistico, né di sentimentale. Senza la solidarietà, il regno animale non avrebbe potuto svilupparsi, né migliorare.

L'essere che risulta più avanzato sulla nostra terra sarebbe rimasto un piccolo grumo che galleggia sull'acqua, della tipologia che oggi si studia al microscopio. O forse neppure quello esisterebbe, giacché perfino le prime aggregazioni cellulari come potrebbero essere descritte se non come un precoce fenomeno di associazione nella lotta?

Capitolo VI

Vediamo così che, nell'osservare le società animali – non con gli occhi di borghesi interessati, ma con quelli di osservatori dotati di intelligenza –, si può constatare, in qualunque società, il seguente principio: "Comportati con gli altri come vorresti che quelli si comportassero con te in simili circostanze".

Studiando più da vicino l'evoluzione del mondo animale, è possibile scoprire (come lo zoologo Kessler[24] e l'economista Cernysevskij) che questo principio, tradotto come solidarietà, ha avuto sullo sviluppo di tale regno un peso di gran lunga maggiore di qualsiasi adattamento risultante dalla lotta tra individui allo scopo di assicurarsi un vantaggio puramente personale.

Risulta palese che la pratica della solidarietà sia ancora più presente nelle società umane. Se già tra le comunità di scim-

---

24 Ndt. Karl Fedorovich Kessler (1815 – 1881) fu uno zoologo tedescorusso, il primo a proporre il mutuo aiuto, invece della mutua lotta, come fattore determinante nell'evoluzione della specie. Ne *Il mutuo appoggio fattore dell'evoluzione* Kropotkin afferma: "Una conferenza 'Sulla legge dell'aiuto reciproco' [...] mi colpì in quanto gettava una nuova luce su tutto questo problema [la teoria dell'evoluzione]. L'idea del Kessler era che, a fianco alla legge della Lotta reciproca, vi è nella natura la legge dell'Aiuto reciproco, che è molto più importante per il successo della lotta per la vita, e soprattutto per l'evoluzione progressiva della specie. Questa ipotesi, che in realtà non era che lo sviluppo delle idee espresse dallo stesso Darwin ne 'L'origine dell'uomo', mi sembrò così giusta e di sì grande importanza, che da quando ne ebbi conoscenza (nel 1883), cominciai a raccogliere dei documenti per svilupparla".

41

mie, la specie più elevata nella scala animale, ne potremo constatare un utilizzo sorprendente, tra gli uomini è stato fatto un ulteriore passo avanti. Ed è proprio questa reciproca solidarietà a far sì che l'uomo possa preservare la sua fragile razza, superando gli ostacoli naturali e incrementando la propria intelligenza.

Nello studio delle società primitive, tutt'oggi rimaste all'età della pietra, è possibile riconoscere la pratica della solidarietà applicata al sommo grado verso tutti i membri della comunità. Si tratta dunque di un sentire che neppure nelle peggiori condizioni ed epoche cessa. ùPerfino quando, a causa di circostanze di prevaricazione, schiavitù e sfruttamento, questo sentimento pare cadere nell'oblio, esso permane nella mente dei più, fomentando la spinta contro le istituzioni corrotte, inducendo la rivoluzione. Senza di esso la società avrebbe fine.

Per la maggioranza di animali e uomini quel sentimento si mantiene come abitudine acquisita, come un principio perennemente ancorato al loro spirito, anche se le azioni lo misconoscono.

A ribadire questo vi è l'intera evoluzione del regno animale, un'evoluzione che perdura da centinaia di migliaia di anni. Non è possibile sbarazzarsene. Per l'uomo sarebbe più semplice tornare a camminare a quattro zampe che annullare il sentimento morale, che è antecedente l'evoluzione animale e la postura eretta dell'uomo. Il sentimento morale è una facoltà per noi naturale, come possono esserlo il senso dell'olfatto e del tatto.

La Legge e la Religione hanno predicato questo principio, ma l'hanno usato come uno strumento per spacciare la loro mercanzia, i loro principi in favore del dominatore, dello sfruttatore di turno, del clero. Se non avessero fatto ricorso a un principio da tutti riconosciuto, come avrebbero potuto far presa sugli spiriti? Entrambe si sono poste al riparo di essa, al pari di ogni forma di autorità che è riuscita a imporsi ponendosi come protettrice dei deboli nella lotta contro i forti.

Liberandosi di Legge, Religione e Autorità, l'umanità si impossessa nuovamente del principio morale che le avevano rubato e, sottomessolo a critica, lo purifica delle adulterazioni con cui preti, giudici e governanti lo hanno avvelenato e lo seguitano ad avvelenare. Negare il principio morale solo perché Chiesa e Legge lo hanno sfruttato sarebbe irragionevole quanto affermare che mai ci si laverà perché il Corano prescrive di detergersi più volte al giorno, che ci si ciberà di carne di maiale contaminata da trichina perché l'igienista Mosè proibiva agli ebrei di mangiare carne di suino o che si rifiuterà il possesso comunale del suolo perché la sharia (legge di supplemento al Corano) stabilisce che la terra abbandonata da tre anni spetta alla comunità.

Del resto, questo principio secondo cui dobbiamo trattare gli altri come vorremmo essere trattati noi non è altro se non il principio dell'Uguaglianza, il fondamentale principio dell'Anarchia. Come potremmo ritenerci anarchici se non lo mettessimo in pratica? Non voler essere governati non equivale a dire che non vogliamo governare gli altri?

Allo stesso modo non voler essere ingannati, esigere la verità implica che noi stessi non intendiamo commettere inganni e che ci impegniamo a dire sempre e solo la verità. E ancora, poiché non tolleriamo di essere derubati dei frutti del nostro lavoro, parimenti rispettiamo quelli del lavoro altrui. In che modo potremmo pretendere di ricevere un determinato trattamento se non intendiamo riservare il medesimo alle altre persone? Non saremmo in quel caso come 'le ossa bianche' dei Kirghisi[25], che trattano gli altri come più gli aggrada? No, il principio dell'uguaglianza fa sì che ci si opponga a tutto ciò.

<hr>

25 Ndt. I Kirghisi sono un gruppo etnico di origine turchica, stanziato principalmente in Kirghizistan. Essi si dividono in due classi, i nobili, anche detti 'ossa bianche' e il volgo, chiamato 'ossa nere'.

Tale uguaglianza e la conseguente solidarietà costituiscono l'arma maggiormente potente che il mondo animale può adoprare nella lotta per l'esistenza.

Nel momento in cui ci dichiariamo anarchici, proclamiamo in primo luogo di evitare di trattare gli altri nel modo in cui noi non vorremmo essere trattati; di non tollerare la disuguaglianza che ha permesso ad alcuni di noi di approfittare indegnamente della propria forza, delle proprie capacità o della propria arguzia. In fondo, l'uguaglianza, se estesa ad ogni cosa e reputata sinonimo di equità, non è che la stessa anarchia. Vadano al diavolo le 'ossa bianche' che per lungo tempo si sono proclamate in diritto di truffare l'ingenuità del prossimo.

Noi non vogliamo quel diritto e, laddove possibile, lo annienteremo.

Divenendo anarchici, dichiariamo guerra non solo all'astratta trinità di Legge-Religione-Autorità, bensì a ogni forma di inganno, di ladrocinio, di abusi, di corruzione, in una parola di disuguaglianza che essa ha diffuso e perpetrato. Dichiariamo guerra al loro modo di agire e al loro modo di pensare.

Coloro fino ad oggi governati, ingannati, sottomessi aprono profonde ferite nel nostro sentimento di uguaglianza. È a nome di quel sentire che sentenziamo di non poter più tollerare l'esistenza di quella massa di prostituti, sfruttati, truffati, governati.

Qualcuno forse ci chiederà – come già è stato fatto precedentemente –: "Se davvero ritenete che tutti debbano trattare gli altri come vorrebbero essere loro stessi trattati, come potrete pensare di ricorrere alla violenza, come dichiarate di dover fare in talune circostanze? Come potrete dirigere il fuoco dei vostri cannoni contro coloro – barbari o civilizzati – che tenteranno di invadere il vostro paese? In che modo eliminerete gli sfruttatori? Con quale diritto assassinerete non solo un tiranno, ma anche solo una vipera?".

Diritto? Cosa si intende con questo termine preso in prestito dalla Legge? Volete forse domandare se la mia coscienza è convinta di essere nel giusto agendo in siffatto modo? Se le persone che stimo mi daranno o meno ragione? Questo volete dire con la vostra domanda? Perché in questo caso non ho difficoltà alcuna nel rispondere: "Naturalmente sì".

Perché noi stessi dovremmo essere uccisi senza pietà se osassimo invadere il Tonchino o dichiarare guerra agli Zulù[26], che nulla di male hanno commesso. E perché noi stessi pretenderemmo di essere espropriati, allorché, venendo meno ai nostri principi, ci impadronissimo di un'eredità – foss'anche discesa dal Cielo – utilizzandola per sfruttare e soverchiare gli altri. E ancora perché ogni essere umano degno di tale nome domanderebbe di essere ucciso pur di non divenire una vipera e bramerebbe una lama conficcata nel cuore prima di mutare in un tiranno.

Prendiamo cento uomini con famiglia: di questi, almeno novanta, sentendo divampare dentro di sé la follia e percependo l'inziale perdita del controllo delle proprie funzioni celebrali, preferirebbero suicidarsi per non correre il rischio di far del male ai propri cari.

Qualunque uomo dotato di cuore sceglierebbe di morire se l'alternativa fosse quella di mettere in pericolo le persone che ama.

Accadde a Irkuts[27] che un medico polacco e un fotografo, un giorno, vennero morsi da un cane rabbioso. Il secondo appose sulla piaga un ferro rovente, laddove il primo si limitò a disinfettarla. Costui era giovane, bello, pieno di vita e di recente liberato da un bagno penale in cui era stato rinchiuso per la sua eccessiva devozione alla causa del popolo. Consapevole

---

26 Ndt. **Il Tonchino** è una regione dell'Indocina che forma la parte più settentrionale del Vietnam e che fu sede, nel 1945, della rivolta del Vietminh. Gli **Zulù** sono un gruppo etnico africano, stanziato principalmente nell'area della provincia di KwaZulu-Natal in Sudafrica.
27 Ndt. Città della Russia siberiana centrale.

della sua conoscenza e intelligenza, sapeva curare meraviglio-samente ed era adorato dai sui pazienti. Trascorse sei settima-ne, accortosi del gonfiore al braccio, comprese subito, essendo medico, di aver contratto la rabbia. Rivoltosi a un dottore in esilio come lui, suo amico, gli chiese "Dammi della stricnina, subito! Sai cos'è questo morso al braccio? In meno di un'ora, colto dalla rabbia, tenterò di mordere te o i nostri colleghi e amici. Non perdiamo tempo: devo morire".

Sentendo di poter presto mutare in una sorta di vipera, preferiva la morte a quello. L'amico voleva cercare di salvar-lo, tentare un trattamento antirabbia. Due ore dopo, mentre lui e un'altra donna tentavano di curarlo, il giovane medico, la schiuma alla bocca, tentò di morderli, per poi tornare in sé e chiedere nuovamente la stricnina. Alla fine la ottenne e morì in preda alle convulsioni.

Di fatti come questo potremo citarne moltissimi. Eviden-ziando come l'uomo dotato di cuore preferisce morire che fare del male ad altri. Ed è proprio per questo motivo che, coscien-te di fare del bene, riceverà l'unanime approvazione se ucci-derà una vipera o toglierà di mezzo un dittatore.

Perovskaya e i suoi compagni uccisero lo zar di Russia e l'intera umanità, a dispetto della repulsione per il sangue ver-sato e nonostante la simpatia per coloro che avevano permes-so la liberazione dei servi, riconobbe il loro diritto a compiere quell'atto, non tanto perché lo ritenne utile – giacché molti ancora dubitano di questo –, ma perché sentiva che la Pero-vskaya[28] e i suoi seguaci non sarebbero mai divenuti a loro vol-ta dei despoti. Anche coloro che non conoscono nei dettagli quella drammatica vicenda, si dicono certi che non si trattò di una bravata giovanile, di un crimine di palazzo o di un reato commesso per motivi di potere, bensì di un atto compiuto in

---

28 Ndt. Sofja Perovskaya (1853 – 1881) fu una rivoluzionaria russa, che, insieme ad altri, or-chestrò l'assassinio dello zar Alessandro II di Russia, reato per il quale fu in seguito giustiziata.

nome dell'odio verso la tirannia, per abbattere la quale erano disposti a sacrificare la loro stessa vita.

Si diceva che essi avevano ottenuto il diritto di uccidere, proprio come si disse di Louise Michel[29]: "Aveva il diritto di saccheggiare" o di quei terroristi che si nutrivano di pane secco e depredarono il tesoro di Kishinev[30]– facendo sì, a rischio della loro vita, che la colpa non ricadesse sulla guardia posta a sorveglianza della cassa –: "Avevano il diritto di rubare".

L'umanità non nega il diritto di usare la forza a quelli che lo conquistano, che sia praticato sulle barricate o in un oscuro crocevia.

Tuttavia, affinché esso provochi una profonda impressione sugli spiriti, deve essere conquistato. In caso contrario rimarrà, indipendentemente dalla sua utilità, un fatto privo di rilevanza per il progresso delle idee, un mero dispiegamento di forze e la prevaricazione di un tiranno su un altro.

---

29 Ndt. Louise Michel (19830 – 1905) fu un'anarchica e un'insegnante francese. Durante la Comune di Parigi, Louise fu tra i pochi che proposero di lanciare un'offensiva contro Versailles, dove il governo di Thiers si era rifugiato, e si offrì volontaria per andarvi da sola a uccidere lo stesso Thiers.

30 Ndt. Kishinev è la capitale della Repubblica di Moldavia nell'Europa Orientale.

Capitolo VII

Abbiamo fin qui parlato di quelle che si possono definire azioni consapevoli dell'uomo. Accanto ad esse vi sono quelle inconsce, che rappresentano un'ampia e misconosciuta parte della nostra vita. Basta guardare al modo in cui ci abbigliamo al mattino, tentando di chiudere un bottone perso la sera precedente o di afferrare un oggetto che noi stessi abbiamo precedentemente spostato, per avere uno scorcio di questa esistenza inconscia e comprendere il ruolo da essa giocato nella nostra vita.

Le azioni inconsce dominano tre quarti delle nostre relazioni con gli altri. Perfino il nostro modo di parlare, sorridere, aggrottare le sopracciglia, infuriarci o mantenere la calma nelle discussioni avviene senza che ne siamo consapevoli, per semplice abitudine o atteggiamento ereditato dai nostri antenati umani e pre-umani – basta pensare alla somiglianza delle espressioni di rancore negli uomini e negli animali – o ancora per acquisizione cosciente o incosciente.

Il modo in cui agiamo nei confronti degli altri diviene dunque abitudine. E in questo l'uomo che avrà acquisito maggiori abitudini morali sarà senz'altro superiore a quel buon Cristiano che affermerà di essere mosso dal diavolo a commettere azioni malvagie, dalle quali non può astenersi se non evocando i tormenti dell'inferno e le gioie del paradiso.

Dunque trattare gli altri come si vorrebbe essere trattati diviene negli uomini e negli animali sociali una semplice abitudine, tanto che non è necessario, nella maggior parte dei casi, chiedere come si deve agire in determinate circostanze, ma ci si limita a farlo senza riflettere.

Ovviamente vi sono casi particolarmente complessi o situazioni in cui la passione ci domina, in cui può esservi una qualche esitazione e tra le varie parti del cervello – che si sa è un organo particolarmente complesso le cui sezioni funzionano in modo indipendente l'una dall'altra – può esservi un conflitto. Quando questo accade è però sufficiente mettersi figurativamente nei panni della persona che abbiamo innanzi per capire come vorremmo essere trattati: la decisione che ne scaturirà sarà tanto più morale, quanto più si riuscirà a immedesimarsi in coloro di cui si corre il rischio di danneggiare la dignità o gli interessi.

Può anche accadere che un amico intervenga, sollecitando l'altro nel modo seguente: "Pensa se tu fossi al suo posto: saresti lieto di essere trattato nel modo in cui tu ti appresti a fare?".

Un simile appello al principio di uguaglianza, necessario allorché si mostri esitazione, è sufficiente a indurre l'uomo ad agire per il meglio. Nel novantanove per cento dei casi, comunque, si agisce moralmente per pura abitudine.

Si può notare che, in quanto finora asserito, non vi è mai stata alcuna imposizione. Ci siamo limitati a esporre come le cose avvengono nel mondo animale.

Al contrario, la Chiesa minacciava un tempo con la prospettiva dell'inferno, allo scopo di moralizzare gli uomini, demoralizzandoli. Allo stesso modo la magistratura, sempre a nome di quei medesimi principi, minaccia ricorrendo alla condanna alla forca, alla gogna o alla frusta e, al pari della Chiesa, demoralizza gli uomini. Coloro autoritari ancora blaterano dell'incombere di un pericolo sociale nel caso in cui giudici e preti vengano banditi.

Ebbene, non vi è in noi alcun timore nel fare a meno di giudici e condanne. E, insieme a Guyau, rinunciamo di buon grado altresì ad ogni sanzione e obbligazione morale. Non abbiamo paura di affermare: "Agisci come meglio ti aggrada", poiché riteniamo che la massa, liberata dal giogo dell'Autorità civile ed ecclesiastica e sempre più intellettualmente progredita, si comporterà nel modo più utile alla società, così come sappiamo che ogni bambino, dopo aver camminato a quattro zampe, si solleverà e camminerà eretto, per il semplice fatto che è stato generato da esseri umani.

Ci limitiamo dunque a dare un consiglio, aggiungendo che esso ha valore solo se si riconosce con l'osservazione e con l'esperienza la sua utilità.

Nel vedere un giovane curvare le spalle e piegarsi in avanti, lo sollecitiamo a raddrizzarsi, camminando a testa alta e petto in fuori. Gli consigliamo altresì di fare ampi respiri, di allargare i polmoni, poiché questa è la miglior prevenzione contro la tisi. Nel contempo però lo istruiremo in merito alla fisiologia, cosicché, apprendendo il funzionamento dei polmoni, possa scegliere da solo la posizione corretta da assumere.

Questo è quanto può essere fatto in campo morale: non si ha altro diritto se non quello di dare consigli, specificando: "Seguiteli, se li ritenete giusti". Così da lasciare gli altri liberi di agire come ritengono adeguato.

Si nega così alla società il diritto di conferire a chicchessia ogni sorta di punizioni, qualsiasi sia l'azione antisociale che possa aver commesso, e nello stesso tempo non ci priviamo della nostra capacità di amare quanto ci pare buono e odiare quanto giudichiamo malvagio. Sono questi sentimenti affini, giacché coloro che sono capaci di odiare, lo sono parimenti di amare. Noi ci riserviamo tali capacità e, dal momento che esse sono sufficienti a tutte le specie animali per mantenere ed estendere i sentimenti morali, a maggior ragione lo saranno per gli esseri umani.

Tutto ciò che domandiamo è l'eliminazione di quanto, nella società degli uomini, ostacola il libero sviluppo di questi due sentimenti, di tutto ciò che corrompe il nostro giudizio: ovvero lo Stato, la Chiesa, lo Sfruttamento e dunque giudizi, sacerdoti, governanti e profittatori.

Oggigiorno, nel vedere un qualsiasi Jack lo Squartatore recidere la gola di dieci delle donne più miserevoli, per quanto moralmente superiori a tre quarti delle donne borghesi e ricche, non possiamo fare a meno di percepire odio. Di sicuro se ce lo fossimo trovati innanzi il giorno in cui ha commesso il suo crimine ai danni di una giovane che ambiva soltanto a guadagnarsi i sei soldi dell'affitto della bettola in cui viveva, non avremmo esitato a conficcargli una pallottola nel cranio. Senza pensare che, forse, essa avrebbe dovuto essere destinata al proprietario della catapecchia.

E in effetti, quando riflettiamo su tutte le infamie che hanno condotto l'assassino a compiere quei delitti, quando ci soffermiamo sull'oscurità di cui egli è preda, sulle ossessioni scatenate in lui da immagini viste su libri indecenti o sui pensieri orribili scaturiti da insane letture, ecco che, a poco a poco, si ha uno sdoppiamento nel nostro pensiero. Così, quando sapremo che egli è finito nelle mani di un giudice, il quale è freddamente responsabile della morte di molti più uomini, donne e bambini di quanti quel Jack abbia potuto commettere, ebbene quando scopriremo che si trova in mano a sadici maniaci – pronti a mandare Borras[31] al bagno penale solo per

---

31 Ndt. Martí Borràs i Jover (1845 – 1894) fu un dirigente anarchico e un sindacalista catalano. Dirigente della Prima Internazionale (AIT) e del giornale anarchico "Tierra y Libertad" di Barcellona, apparso per la prima volta nel 1888, fondò la Biblioteca anarcocomunista, per la quale tradusse del francese e pubblicò alcuni testi anarchici di Kropotkin e altri autori. La polizia lo implicò ingiustamente nel tentato omicidio di Arsenio Martínez Campos compiuto di Paulino Pallàs il 24 settembre del 1893. Sottoposto a continui e inutili interrogatori, si suicidò in cella il 9 maggio del 1894.

dimostrare ai borghesi che hanno ottimi giudici a difendere i loro interessi – ecco che ogni nostro sentimento di odio verso Jack lo Squartatore svanirà e lo stesso sentire sarà rivolto altrove, verso quella società codarda e menzognera e verso i suoi rappresentanti.

Pensate che tutti i crimini di un assassino scompariranno innanzi a quelli commessi, per interi secoli, in nome della Legge.

Sarà su di essa che ricadrà la nostra ostilità.

Oggi tutto questo accade di continuo. Tutti noi siamo, coscientemente o incoscientemente, i pilastri a sostegno della società. Non abbiamo il coraggio di odiare. Ma abbiamo ancora quello di amare?

In una società dove dominano sfruttamento e servitù, l'essere umano non può fare altro che degradarsi. Solo quando tale servitù sarà eliminata, potremo riacquisire i nostri diritti e sentiremo nuovamente il coraggio di odiare e amare, perfino nei casi più complessi.

Per quanto riguarda la vita di tutti i giorni, tutti noi diamo in ogni istante libero sfogo ai nostri sentimenti di attrazione e repulsione, tutti noi apprezziamo l'impulso morale e disprezziamo la vigliaccheria. Qualsiasi nostra affermazione, ogni sguardo e ogni espressione del viso mostrano la letizia che percepiamo innanzi alle azioni buone e utili per l'umanità e, nel contempo palesano la nostra repulsione per azioni di vigliaccheria, inganno, corruzione e per l'assenza di coraggio morale. Allo stesso modo non riusciamo a celare il disgusto quando, influenzati da un'educazione che ci vuole ipocriti, ci mostriamo tali, anche se cerchiamo in ogni modo di dissimulare quel sentire dietro una falsa facciata, che solo in presenza di rapporti egualitari potrà scomparire del tutto.

Tutto questo è sufficiente a mantenere il concetto di bene e male a un certo livello e a comunicarlo l'un l'altro; a maggior ragione rimarrà sufficiente quando preti e giudici saranno scomparsi dalla società e i principi morali, perduta ogni connotazione di obbligo, saranno ritenuti puri e semplici rapporti tra pari. Via via che queste relazioni si stabiliranno, si leverà una nuova e più elevata concezione di moralità ed è proprio quella che ora ci apprestiamo ad analizzare.

Capitolo VIII

Non abbiamo fatto altro, in questa nostra analisi, se non esporre elementari principi di eguaglianza. Ci siamo rivoltati – e abbiamo sollecitato altri a farlo – contro tutti coloro che reclamano il diritto di trattare il prossimo in un modo in cui loro stessi mai vorrebbero essere trattati; contro quelli che ingannano, sfruttano, annichiliscono, prostituiscono gli altri, ma mai vorrebbero che tutto ciò fosse fatto a loro. Falsità e violenza, abbiamo più volte ribadito, sono disgustose non perché i codici morali – codici che noi ignoriamo – le disapprovano, ma perché esasperano quel sentimento di eguaglianza in coloro che lo ritengono fondamentale e, in particolare, in tutti coloro che agiscono e pensano come anarchici.

Quel principio così semplice, così spontaneo e palese, costituisce di per sé una morale elevata, che, se generalmente applicata, comprende tutto quello che i moralisti hanno voluto insegnare. In altre parole, il principio dell'uguaglianza sintetizza gli insegnamenti dei moralisti. Vi è però in esso qualcosa di più: la considerazione del singolo.

Nel proclamare la nostra morale come basata su uguaglianza e anarchia, noi ci esentiamo dal reclamare quel diritto che i moralisti sempre hanno voluto esercitare, ovvero il diritto di castrare l'individuo in nome di un determinato ideale da essi considerato 'bene'. A nessuno, tantomeno a noi, deve essere riconosciuto questo diritto.

L'individuo ha e deve avere la piena e totale libertà; per lui noi pretendiamo la completezza della sua esistenza, il libero sviluppo di tutte le sue facoltà. Nulla deve essergli imposto e, in questo, si torna al principio che lo stesso Fourier pose contro la morale imposta dalle religioni, nell'affermare: "Lasciate la libertà agli uomini, non censurateli come le religioni hanno troppo a lungo fatto. Non abbiate paura delle loro passioni: mai, in una società libera, esse potranno provocare danni. Nulla si deve temere dalla libertà, fintanto che l'individuo non rinunci ad essa, fintanto che non si lasci sottomettere da altri, fintanto che egli opponga le sue passioni più vigorose a quelle violente e antisociali di un altro".

Ebbene noi rinunciamo ad amputare il singolo in nome di un qualche ideale; ci limiteremo a esprimere con assoluta franchezza le nostre simpatie verso ciò che è buono e utile, e antipatie verso quanto risulta cattivo e nocivo.

E se un tale truffa un amico per sua volontà e indole, starà a noi disprezzarlo! E lo faremo con franchezza perché questa è la nostra natura. Non faremo come si usa oggi, non andremo ad abbracciarlo e a porgergli la mano! Alla sua passione contrapporremo la nostra, che dovrà essere parimenti vigorosa. Questo è quanto abbiamo diritto e dovere di fare, affinché il diritto di uguaglianza sia sempre presente nella nostra società, affinché sia messo quotidianamente in pratica.

Prendiamo, tra i vari scrittori moderni, il norvegese Ibsen[32], i cui testi saranno presto apprezzati in Francia, come lo sono già in Inghilterra. Ebbene, lui ha sviluppato e espresso più di ogni altro questi principi nei suoi testi.

Tutto questo, comprensibilmente, non potrà verificarsi

---

32 Ndt. Henrik Johan Ibsen (1828 – 1906) fu un drammaturgo, poeta e regista teatrale, definito il 'padre del realismo'. Tra le sue opere i drammi *Casa di bambola* (1879) ed *Hedda Gabler* (1890).

del tutto fino a quando ciò che causa la depravazione – e dunque capitalismo, religione, legge e autorità – cesserà di esistere. E tuttavia, almeno in parte, può essere realizzato fin da oggi.

È però bene capire che il principio di equità da solo non basta: se le società non conoscessero altro che quello, se gli uomini, attenendosi esclusivamente ad esso, non dessero mai agli altri più di quanto da essi ricevono, la società stessa sarebbe condannata e il principio di uguaglianza cesserebbe di esistere. Per mantenerlo occorre qualcosa di più elevato, di più meraviglioso e forte della semplice equità. Ed è questo 'qualcosa' che inconsapevolmente viene prodotto. Mai l'umanità è stata priva di quegli animi traboccanti di amore, spirito e dedizione, i quali impiegano tutte le loro capacità ed energie per servire gli altri, senza nulla pretendere in cambio.

Questa fertilità di spirito, di sentimento e di buona volontà può assumere molteplici forme. Compare per esempio in colui che con passione ricerca la verità, allontanandosi da ogni piacere per dedicarsi alla ricerca di quanto ritiene giusto e sincero e distanziandosi, in tal modo, da tutti gli ignoranti che lo attorniano. Compare nello scienziato, che sbarca il lunario dimenticando perfino di nutrirsi, toccando appena il pane che una donna a lui devota gli prepara, prendendosi cura di lui come di un bimbo, mentre quegli è intento a lavorare a una sua creazione, che secondo lui può cambiare le sorti del mondo.

Compare nel passionale rivoluzionario, per il quale le gioie dell'arte, della scienza e della famiglia sono amare se non tutti possono condividerle. Egli opera per migliorare il mondo e liberarlo dall'indigenza e delle persecuzioni. Allo stesso modo si mostra nel ragazzo che, ascoltando le brutalità dell'invasione, animato dalle storie di patriottismo raccontategli, si arruola volontario, marciando nella nebbia e patendo la fame, finché una pallottola lo colpisce, uccidendolo.

È presente nel monello parigino, la cui intelligenza lo porta a scegliere a chi destinare odio e simpatia, inducendolo a correre alle barricate, seguito dal fratellino minore, per divenire bersaglio di una pioggia di proiettili e morire gridando: "Viva la Comune!".

Compare nel semplice uomo che si ribella a un'ingiustizia senza domandarsi cosa ne guadagnerà, e che, in mezzo a coloro che volgono le spalle, rivela l'infamia, si getta contro lo sfruttatore, che sia il piccolo despota della fabbrica o il grande tiranno dell'impero.

Sono questi molteplici atti di coraggio, poco eclatanti e per questo poco noti, che si possono ovunque osservare e che coinvolgono soprattutto le donne. L'importante è avere voglia di aprire gli occhi e osservare ciò che ogni giorno l'umanità compie, ciò che le permette, nel bene e nel male, di superare ogni forma di sfruttamento e oppressione. Tutti questi esempi, taluni nell'ombra, talaltri in forme maggiormente vistose, rendono possibile il progresso dell'umanità. E, di tutto ciò, l'umanità è consapevole. Per questo rispetta simili personaggi e ne tramanda le storie. Per questo li trasforma negli eroi dei suoi racconti, delle sue canzoni e dei suoi romanzi. Apprezzandone il coraggio, la passione e la dedizione, di cui i più sono purtroppo carenti, ne trasmettono la memoria ai propri figli. Non dimenticano neppure coloro che hanno agito nel bene all'interno della loro cerchia famigliare o di una ristretta comunità, venerando il loro ricordo nella tradizione di famiglia.

Tutti questi atti costituiscono la vera moralità – l'unica veramente degna di quel nome – , laddove gli altri non rappresentano che meri rapporti di uguaglianza. In assenza di un simile ardimento e dedizione, la razza umana avrebbe finito per abbruttirsi, sguazzando nella vile melma dei freddi calcoli. Sono questi esempi che costruiscono la moralità del futuro, quella che sorgerà non appena i nostri bambini comprenderanno che il miglior modo di usare le energie, il coraggio, l'amore è quello di rivolgerle là dove la necessità di queste forze si avverte con maggiore vivacità.

Questo sentire di coraggio e dedizione esiste da sempre.

Lo si ritrova negli animali e nell'uomo, perfino nelle epoche più cupe. Da sempre le religioni hanno cercato di farle proprie per trarne vantaggio, tanto che, se esse tutt'ora vivono, lo si deve non solo all'ignoranza, ma al fatto che esse fanno appello proprio a quei comportamenti esemplari.

Gli stessi rivoluzionari, e in particolare quelli socialisti, si richiamano sovente a tali atti di coraggio.

In merito a una loro spiegazione, i moralisti religiosi sono sovente caduti in quegli errori precedentemente indicati. E, come già detto, dobbiamo al giovane filosofo Guyau il merito di averne indicato la reale origine, mettendo da parte le spiegazioni mistiche o i calcoli mercantili su cui gli utilitaristi della scuola inglese fantasticavano.

Dove la filosofia kantiana, quella positivista e quella evoluzionista hanno fallito, la filosofia anarchica ha trovato la strada corretta. Esse hanno origine, secondo quanto indicato da Guyau, nel sentimento della propria forza. Non è che la vita che trasborda, che tenta di espandersi.

"Percepire interiormente quanto si è capaci di fare e, nel contempo, acquisire coscienza di quanto si deve fare".

Il sentimento morale del dovere, che ciascuno di noi ha provato nella propria vita e che sovente hanno cercato di attribuire a ogni sorta di misticismo, "non è altro se non un eccesso di vita che vuole essere esercitato, donato e, nel contempo, il sentimento di una potenza".

E come ogni forza che si accumula preme su tutto ciò che ne ostacola il percorso, così poter agire significa dover agire. Ecco a cosa si riduce, allorché spogliata di ogni misticismo, l'obbligazione morale di cui tanto si è parlato e scritto: al fatto che la vita non può mantenersi se non si espande.

"La pianta non può evitare di fiorire, anche se, talvolta, ciò segna la fine della sua vita. Ma questo non ha importanza, giacché la linfa sempre cresce", conclude il giovane filosofo anarchico.

Un concetto che vale a maggior ragione per gli esseri umani: allorché colmi di energia e vigore, accumulano la loro forza, diffondendo la propria vita. Essi donano senza fare calcoli, poiché altrimenti non potrebbero vivere. E se anche, come accade al fiore, la morte fosse l'inesorabile conseguenza del loro sbocciare, non avrebbe importanza! La linfa cresce ovunque è presente.

Siate forti! Lasciate che le vostre appassionate energie intellettuali debordino, così da riversare su altri il vostro acume, il vostro amore, la capacità di agire. Se spogliamo ogni insegnamento morale di tutte le ipocrisie derivate dall'ascetismo orientale, questo è quanto resta.

Capitolo IX

Ciò che viene maggiormente ammirato dai più nell'uomo cosiddetto 'morale' sono vigore ed esuberanza, qualità che gli consentono di mettere al servizio degli altri la propria conoscenza, i propri sentimenti, il proprio agire, senza nulla pretendere in cambio.

L'uomo ricco di idee, traboccante di energie intellettuali, tenta necessariamente di espandersi. Quale sarebbe per lui il senso di tante riflessioni e abbondanza di pensieri, se non potesse condividerli con altri? Solo l'uomo povero di spirito, nel raro caso in cui, faticosamente, riesce a partorire una qualche idea, la tiene per sé, per poter avere, successivamente, l'opportunità di renderla pubblica con sopra scritto il proprio nome.

Al contrario, l'uomo intellettualmente superiore non tiene per sé i propri pensieri, ma li semina lungo il cammino e, laddove non riesca a farlo, ne soffre profondamente.

Questa profusione di idee che egli diffonde ai quattro venti rappresenta tutta la sua vita.

Lo stesso vale per i suoi sentimenti: "Noi non bastiamo a noi stessi: conteniamo più lacrime di quante le nostre sofferenze ci costringano a versare e più gioie di quante la nostra esistenza possa giustificare", asserisce Guyau, sintetizzando, in queste poche righe che traggono ispirazione dalla natura stessa, l'intera questione della moralità.

L'essere che permane in solitudine non può che soffrire, per il semplice fatto di non poter condividere con altri le proprie idee ed emozioni.

Non appena percepiamo una qualche felicità, vorremmo subito renderne partecipi gli altri, far loro sapere che esistiamo, percepiamo, amiamo, che siamo disposti a lottare, a combattere, a vivere. Nel contempo avvertiamo come ineluttabile la necessità di esercitare il nostro volere, la nostra energia di fare. Azioni e lavoro divengono così, nella maggior parte degli uomini, un bisogno al punto che, nel momento in cui un uomo o una donna sono impediti nello svolgimento di un'occupazione di una qualche utilità, spinti dalla frustrazione, se ne inventano un altro, magari inutile e di scarsa importanza, mutandolo in una sorta di obbligo, al solo scopo di trovare qualcosa su cui riversare le proprie energie.

Non ha importanza di cosa si tratti, che sia una teoria, una religione o un 'dovere sociale': purché siano persuasi di essere utili, di valere qualcosa.

Se ballano, lo fanno per beneficienza, se rischiano la rovina per acquistare vestiti sfarzosi, lo fanno per non perdere il diritto di appartenere all'aristocrazia e infine, se anche nulla fanno, il loro ozio diviene una questione di principio.

"Sempre si sente la necessità di fornire il proprio aiuto, di porre la propria mano sul carro che l'intera umanità faticosamente sospinge o, quantomeno, di ronzarvi attorno", sostiene Guyau. Questo impulso è presente non solo negli uomini, ma in tutti gli animali sociali, a dispetto della loro maggiore o minore inferiorità.

In fondo l'instancabile attività che quotidianamente si esercita, pressoché inutilmente, in campo politico come potrebbe essere giustificata se non con il bisogno di dare una mano a quel carro o di ronzargli attorno?

Indubbiamente, questa abbondanza di volontà, queste sete di agire, se accompagnate da una scarsa sensibilità e da un'intelligenza altrettanto povera, non potranno produrre altro se non un Napoleone I o un Bismarck[33], ovvero folli che si prodigano a far procedere il mondo in senso inverso. È pur vero che uno spirito fertile, se accompagnato da una sensibilità poco sviluppata, non potrà fornire che intellettuali, ovvero frutti secchi che rallentano il progredire stesso della conoscenza. E infine, dall'ultimo caso in cui una grande sensibilità non sia correlata a un'intelligenza abbastanza ampia, non potranno scaturire che quelle donne, le quali riversano tutto il loro amore su un bruto, per il quale tutto sacrificano, invano.

Affinché la vita possa dirsi veramente produttiva, occorre che lo sia non solo nell'intelligenza, ma anche nella sensibilità e nella volontà. Solo la ricchezza di tutte queste qualità può assurgere al titolo di 'vita'. Coloro che riescono anche solo a intravederla sarebbero disposti a rinunciare ad anni di esistenza puramente vegetativa in cambio di un solo istante di essa.

In assenza di questa traboccante vita non si è altro se non creature invecchiate anzitempo, esseri inutili e impotenti, piante secche che mai potranno dare fiori, né frutti.

"Lasciamo alla putrefazione del ventesimo secolo questa vita meramente fasulla", sbraitano i giovani, quelli veri, colmi di quel vigore e di quella linfa, ridondanti di gioia di vivere e pronti a seminarla attorno a sé.

Ogniqualvolta una società si corrompe, avviandosi verso la putrefazione, ecco che questa gioventù irrompe, spezzando le consunte forme di economia, politica e morale, allo scopo di far rifiorire una nuova vita. Non ha per loro alcuna importanza se in questa lotta si conteranno innumerevoli vittime,

---

33 Ndt. **Napoleone I** (1769 – 1821), generale e politico francese, fondò il Primo Impero francese ed è considerato il più grande stratega della storia. **Otto von Bismarck** (1815 – 1898) fu un politico tedesco. Artefice della fondazione dell'Impero tedesco, ne divenne Primo Cancelliere.

giacché la linfa seguiterà a salire. Nuova vita sboccerà, non importa con quali conseguenze! Non vi saranno rimpianti.

E, distogliendo l'attenzione dalle epoche particolarmente eroiche dell'umanità per soffermarla sull'esistenza di ogni giorno, ci si chiede: può dirsi vita quella che si pone in contrasto con i propri ideali?

Oggigiorno si sente sovente ripetere che gli ideali sono da deridere. Ovviamente. Giacché troppo spesso si confonde l'ideale con la storpiatura buddhista o cristiana e altrettanto di frequente si è adoprato quel termine per truffare la massa ingenua. Per questo si ha una reazione così naturale e per questo ci piacerebbe poter sostituire questa parola così abusata e 'sporcata' con una nuova, maggiormente adatta alle nostre idee.

Ma, indipendentemente dal termine usato, è un fatto che ogni essere umano possiede il suo ideale. Lo stesso Bismarck ne ha uno, per quanto utopico possa sembrare: governare il paese con ferro e fuoco.

Ogni borghese ha il proprio ideale, per quanto sciocco e basso possa essere. Ma, tra i tanti, vi è colui che aspira all'ideale supremo. Esso non riesce ad accontentarsi di una vita animalesca.

Disgustato da servilismo, falsità, tradimenti, intrighi e dalla disparità insita nelle relazioni umane, mai potrebbe a sua volta divenire un bugiardo, un ipocrita una persona sleale. Egli riesce a intuire quanto la vita potrebbe essere migliore se tra gli esseri umani vi fossero rapporti più sinceri e paritari e sente di possedere in sé la forza per stabilire quel tipo di relazione, quanto meno con coloro che incrociano il suo cammino. Dunque, egli concepisce il cosiddetto ideale. Ma da dove viene esso?

Come si forma? Forse dipende in parte dall'ereditarietà e in parte dalle esperienze di vita?

Difficile asserirlo con certezza. Al massimo si potrebbe raccontarne la storia, più o meno veritiera, nelle nostre stesse biografie. Comunque sia è un fatto ed è – per quanto variabile, progressivo, influenzabile dall'esterno – sempre vivo.

È una sensazione, in larga parte inconscia, di quanto ci donerà una maggiore vitalità, una maggiore gioia di vivere.

La vita diverrà colma di energie, di idee, di sensazioni solo se si riuscirà a rispondere a tale sensazione dell'ideale. Al contrario, se si agisce in direzione contraria a quella sensazione, sentiremo una sorta di sdoppiamento e la nostra vita, non essendo più una, perderà l'iniziale vigore. Se questo accade più volte, la volontà non potrà che rimanere paralizzata e la forza di agire scemerà del tutto. Alla fine non si sarà più capaci di recuperare quelle energie, quella naturalezza nelle decisioni che un tempo si possedevano. Creature spezzate, ecco quanto si rischia di divenire.

Non vi è in questo alcunché di incredibile, soprattutto considerando il fatto che l'uomo è costituito da centri nervosi e cerebrali che agiscono indipendentemente gli uni dagli altri. Se si oscilla tra sentimenti contrastanti, l'armonia dell'organismo non potrà che uscirne devastata e non si sarà che esseri deboli, privi di volontà.

La vita perderà completamente di intensità e nessun compromesso sarà utile a risanarla: l'essere completo, energico, forte e sensibile che eravate, allorché nelle vostre azioni si riflettevano gli ideali della vostra mente, non esisterà più.

Capitolo X

Prima di giungere a conclusione, ci soffermeremo su due termini utilizzati dalla scuola inglese: *altruismo* ed *egoismo*, che ripetutamente ci vengono alle orecchie. Se fino ad ora, in questo breve trattato, non ne abbiamo parlato, è semplicemente perché non riusciamo a cogliere quella distinzione che i moralisti inglesi hanno cercato di introdurre.

Nell'affermare: "Trattiamo gli altri come noi stessi vorremmo essere trattati", stiamo sollecitando l'adozione di un comportamento egoistico o altruistico?

Proviamo allora a indulgere su pensieri più elevati, dicendo: "La felicità di ciascuno è intrinsecamente correlata a quella di coloro che lo circondano. E se anche è possibile ottenere qualche anno colmo di gioia relativa, in una società dove predomina l'infelicità dei più, essa ha i giorni contati, poiché non ha solide fondamenta. Non solo una minuzia è sufficiente ad annientarla, ma essa non è in alcun modo paragonabile al sentire profondo e duraturo che si può sperimentare in una società in cui tutti sono uguali. Per questo, allorché ti porrai come obiettivo il bene di tutti, agirai nel giusto". Ebbene, nell'affermare questo, stiamo raccomandando l'altruismo o l'egoismo? Semplicemente constatiamo un fatto.

Imitando Guyau, aggiungiamo: Sii forte, sii grande in ogni

tuo agire; fai sì che la tua vita dirompa in ogni direzione; sii energico quanto più è possibile e mostrati sociale e socievole, se vuoi godere di un'esistenza piena, completa e feconda.

Indirizzato perennemente da un'intelligenza degnamente sviluppata, combatti, rischia – ogni azzardo porta in sé le sue inestimabili gioie – sperpera tutte le tue energie, senza lesinare, in ciò che ritieni buono e grande: solo allora potrai dire di aver sperimentato la massima felicità possibile. Mostrati uno con le masse e, qualsiasi cosa possa accaderti, sentirai battere all'unisono con il tuo i cuori di coloro che ami e che rispetti e, allo stesso modo, sentirai il battito contrario di quelli che tanto disprezzi.

Dunque con queste asserzioni stiamo impartendo lezioni di altruismo o di egoismo?

Lottare, non rifuggire il pericolo, essere pronti a gettarsi nell'acqua non solo per salvare un uomo, ma altresì per trarre in salvo un gatto; cibarsi di pane secco allo scopo di far crollare quelle istituzioni sociali che sempre più suscitano la nostra indignazione; trovarsi in sintonia con coloro degni del nostro amore ed essere da loro parimenti apprezzati, tutto questo, per un filosofo incartapecorito può risultare un sacrificio eccessivo, ma non lo è affatto per uomini e donne che sprigionano energia, giovinezza, vigore e voglia di vivere. E ancora ci ritroviamo a chiedere: si tratta di egoismo o di altruismo?

Riteniamo erronea la decisione dei moralisti di fondare i loro sistemi su una presunta opposizione tra sentimenti egoistici ed altruistici. Se il bene individuale fosse realmente in contrasto con quello della società, se tale contrapposizione fosse reale, la società umana non sarebbe mai esistita e nessuna specie animale si sarebbe sviluppata fino allo stadio attuale. Ritornando all'esempio delle formiche, se esse non trovassero soddisfazione alcuna nell'operare per il bene del formicaio, mai sarebbero arrivate ad essere quello che sono, ovvero la creatura meglio organizzata ed evoluta tra tutti gli insetti esistenti, un essere il cui cervello, che a malapena può essere distinto attraverso la lente d'ingrandimento, mostra di possedere le stesse facoltà dell'uomo medio.

Allo stesso modo, se i volatili non provassero alcun piacere a migrare, a prodigarsi per allevare i loro piccoli, a lavorare di comune intesa per difendere la loro comunità dalle aggressioni dei rapaci, mai avrebbero raggiunto l'attuale stadio di sviluppo. Invece di progredire, sarebbero andati incontro a una graduale regressione.

E se anche Spencer[34] aveva previsto che sarebbe arrivato il tempo in cui bene individuale e bene della specie si sarebbero fusi, egli dimenticava un fatto fondamentale: se tale identità non si fosse presentata fin dall'inizio, non vi sarebbe stata per il mondo animale alcuna possibilità di evoluzione. Tuttavia, in ogni epoca, sia nel regno animale che in quello degli uomini, si distinguono numerosi esemplari che paiono incapaci di comprendere come il benessere individuale coincida con quello dell'intera specie.

Non comprendono dunque che, se lo scopo di ogni individuo è condurre una vita più piena e intensa possibile, è solo nella comunità sociale, nella completa e sincera fusione con coloro che lo circondano, che tale pienezza può essere raggiunta. La colpa di tutto ciò è nella mancanza di intelligenza, nella carenza di comprensione. In ogni tempo si possono distinguere menti limitate, in ogni era si palesa un incredibile numero di sempliciotti, e tuttavia, in nessuna epoca storica – e neppure nelle ere geologiche – il bene individuale è mai stato

---

34 Ndt. Herbert Spencer (1820 – 1903) è stato un filosofo inglese, secondo cui la società non era che la somma dei vantaggi individuali. Nei suoi *Principi di etica*, due volumi pubblicati rispettivamente nel 1892 e 1893, egli sostiene che le norme morali debbano essere ricavate da quelle leggi di valore universale che determinano l'evoluzione dell'intero cosmo e di ogni forma di vita esistente. Secondo Spencer, l'analisi dell'evoluzione della condotta umana mostra un continuo miglioramento delle azioni rispetto a tre obiettivi: il mantenimento della vita individuale, la procreazione e il mantenimento della prole e il perfezionamento della società.

in contrapposizione con quello della società. Sempre essi sono risultati identici e i pochi che sono riusciti davvero a comprenderlo hanno potuto godere di una vita intensa e completa. Per questo, ai nostri occhi, la distinzione tra egoismo e altruismo si mostra del tutto arbitraria. E per questo non abbiamo fatto cenno alcuno a quei 'compromessi' che, a detta degli utilitaristi, l'uomo deve quotidianamente fare per mediare tra sentimenti egoistici e altruistici. Tali compromessi non esistono negli uomini persuasi. Questo è quanto realmente si palesa: il fatto che, nelle attuali condizioni, anche quando si cerca di vivere coerentemente con i propri principi di uguaglianza, in ogni istante realizziamo quanto essi vengano feriti. Giacché, per quanto la nostra dimora e alimentazione possano essere modesti, se paragonati a coloro costretti a dormire sotto un ponte e a cibarsi, quando va bene, di pane secco, siamo dei veri e propri Rothschild[35].

E lo siamo pure, per quanto misere possano essere le nostre soddisfazioni intellettuali, se ci paragoniamo a quei milioni di persone che ogni sera rincasano talmente esauste e avvilite dal lavoro da non poter mai godere delle gioie donate da arte e scienza, per cui moriranno senza mai averle conosciute.

Benché consapevoli di non poterci adeguare del tutto al principio egualitario, neppure intendiamo abbassarci a compromessi con queste condizioni, anzi ci opponiamo ad esse. Ci risultano così strazianti e intollerabili da renderci alfine rivoluzionari e anarchici. Mai ci adatteremo a quanto più ci esaspera. Rinneghiamo ogni compromesso, ogni tentativo di armistizio, proponendoci di combattere a oltranza, di lottare fino alla morte contro simili condizioni.

E questo ovviamente non è un compromesso: l'uomo consapevole non si rassegnerà mai a dormire serenamente, in at-

---

35 t. I Rothschild sono una famiglia europea di origine ebraica, la cui ricchezza e potere gli permisero di influenzare le vicende politiche ed economiche di tutto il mondo.

tesa che giungano tempi migliori e che le cose si sistemino da sole.

Siamo ormai giunti alla conclusione di questo breve trattato. Abbiamo ribadito come, in alcune epoche, la concezione morale muta radicalmente e si comincia a realizzare come ciò che fino a quel momento è stato ritenuto morale, sia al contrario totalmente immorale. E, allo stesso tempo, si comprende come un'usanza, una tradizione da tempo onorata sia in realtà profondamente disonesta, in quando va a esclusivo vantaggio di un'unica classe sociale.

Allora la si rigetta, gridando: "Mai più a fianco della morale!".

Per poi reputare doveroso adottare comportamenti reputati immorali.

Onoriamo queste epoche, giacché sono fondate sul giudizio. Esse rappresentano il sintomo di una ripresa del pensiero critico, di un processo di chiarificazione che si sta effettuando all'interno della società stessa. E la conseguenza di tutto ciò non potrà essere che il sorgere di una morale superiore. Partendo dall'analisi dell'uomo e degli animali, ci siamo proposti di spiegare come sarà questa morale. Ne abbiamo potuto osservare principi di base nelle idee delle masse e dei pensatori.

Questa morale non imporrà alcunché. E soprattutto si rifiuterà di modellare l'individuo secondo una qualsiasi idea astratta, declinerà ogni tentativo di mutilarlo attraverso la Religione, la Legge, l'Autorità. Al contrario, gli riconoscerà piena e assoluta libertà, mutando in una mera constatazione dei fatti, in una scienza.

E questa scienza si rivolgerà agli uomini dicendo: "Se in te non percepisci alcun vigore, se le tue energie non ti consentono altro se non di condurre un'esistenza grigia, banale, scialba, priva di profonde impressioni, scevra di superbe gioie, come pure di intollerabili dolori, attieniti ai semplici principi di reciprocità, poiché grazie ad essi potrai trovare la maggiore felicità che le tue misere forze ti concedono. Se al contrario percepisci in te tutto il vigore giovanile, se vuoi vivere e riesci a godere in modo pieno della tua esistenza – ovvero a essere partecipe dei massimi piaceri che si possa desiderare – sii nobile, sii valoroso e magnanimo, sii risoluto in ogni tuo agire. Lascia che la vita germogli attorno a te, seminala a piene mani. Non dimenticare che la menzogna, la simulazione, l'intrigo possono solo avvilirti, che fin dal principio attraverso di esse sarai marchiato come un codardo. Usale, se così ti piace, ma sappi che in quel modo l'umanità intera ti considererà piccolo, debole, insignificante e come tale verrai trattato. In nessun luogo la tua forza verrà riconosciuta e ovunque sarai trattato come un essere miserevole, degno solo e soltanto dell'altrui compassione; non brontolare, se così accade, non incolpare gli altri, perché tu solo hai paralizzato la tua forza d'azione. Al contrario, sii forte e, ogniqualvolta ti capiterà di veder commettere una qualche iniquità e l'avrai compresa – che sia una ingiustizia nella vita, una bugia nella conoscenza o un dolore provocato da un altro – ribellati contro tale ingiustizia, contro tale menzogna e brutalità. Combatti! La tua esistenza sarà più intensa, più grandiosa se si svolgerà nella lotta. Solo allora potrai dire di aver vissuto e in quel momento realizzerai che, per un'ora soltanto di questa vita, saresti disposto a rinunciare ad anni di mera sopravvivenza in un marciume paludoso. Ribellati, affinché a tutti possa essere concesso di vivere un'esistenza piena e straripante di energia e vivacità e potrai essere certo di trovare, in questa lotta, più gioia di quanta troveresti in qualsiasi altra attività".

Questo è quanto la scienza morale ha da dirti.

A te la scelta.

Biografia dell'autore

Pëtr Alekseevic Kropotkin nacque a Mosca nel 1842 da una famiglia appartenente all'aristocrazia agraria. Durante l'adolescenza frequentò il Corpo dei Paggi di Alessandro II, un'esclusiva scuola militare, dove ebbe modo di entrare in contatto con la famiglia imperiale e i membri dell'autocrazia russa. Successivamente, nel 1862, costretto a rinunciare per motivi familiari agli studi universitari, entrò a far parte del corpo dei Cosacchi, con il quale si recò in Siberia. Fu questa un'esperienza per lui fondamentale sia per i suoi studi, sia perché là ebbe un primo impatto con le enormi ingiustizie della società zarista, verso la quale cominciò a sviluppare un forte atteggiamento critico.

Rientrato a Mosca, nel 1868 poté riprendere gli studi universitari presso la Facoltà di Scienze, ottenendo anche la nomina a segretario della sezione geofisica della Società russa di geografia.

Nel 1872, però, motivato da interessi politici, si recò a Ginevra, dove entrò nella Federazione del Giura, abbracciando gli ideali di fratellanza socialisti e anarchici e partecipando ai movimenti sindacali e rivoluzionari.

Rientrato in patria, aderì al Circolo Cajkovskij[36].

---

36 Ndt. Si tratta di un movimento rivoluzionario russo sorto alla fine degli anni Sessanta

Arrestato nel 1874, venne rinchiuso (senza processo) nella fortezza di S. Pietro e Paolo a San Pietroburgo. Vi rimase fino al 1876, anno in cui, in modo rocambolesco, aiutato dai compagni di lotta riuscì a evadere e a raggiungere, sotto falso nome, dapprima l'Inghilterra e poi la Svizzera. Qui divenne segretario generale del *IX Congresso generale dell'Internazionale dei Lavoratori*, ma ben presto fu nuovamente costretto a riparare in Inghilterra, per poi visitare altri paesi europei. Nel 1878, però, rientrò a Ginevra, dove fondò l'anno successivo la rivista anarchica *Le Révolte*, poi chiamata *Les Temps Nouveaux*.

Nel 1881, in seguito all'assassinio dello Zar Alessandro II, venne espulso dalla Svizzera. Recatosi in Francia, dopo due anni finì nuovamente in carcere, dove scrisse *Parole di un ribelle*. Grazie a Victor Hugo, che presentò al ministro della Giustizia francese una petizione firmata da numerosi letterati per la sua scarcerazione, Kropotkin ottenne la grazia nel 1886. Trasferitosi in Inghilterra, vi fondò la rivista *Freedom* e vi scrisse numerosi dei suoi scritti tra cui *La conquista del pane* (1892), *La morale anarchica* (1890) e *Memorie di un rivoluzionario* (1899). Nel 1914, certo che la guerra avrebbe migliorato la situazione della sua patria, in contrasto con la maggior parte dei membri del movimento anarchico, prese posizione in favore della guerra contro la Germania.

Rientrato in Russia nel 1917 durante lo scoppio della rivoluzione, prese immediatamente posizione contro la piega autoritaria che il movimento rivoluzionario stava assumendo e, in particolare, contro i bolscevichi; si stabilì a Dmitrov, un piccolo villaggio, dove morì per gli strascichi di una polmonite l'8 febbraio del 1921.

---

dell'Ottocento a Pietroburgo e costituito da studenti decisi a diffondere le idee socialiste tra la popolazione russa. Il suo nome fu preso da uno dei suoi esponenti, il giovane Nikolaj Vasil'evic Cajkovskij (1851-1926).

Indice